陕西师范大学
马克思主义理论研究
丛书

新民主主义思想的源起和走向

任晓伟 著

陕西师范大学出版总社

图书代号 SK19N0094

图书在版编目(CIP)数据

新民主主义思想的源起和走向／任晓伟著. — 西安：陕西师范大学出版总社有限公司,2019.3
ISBN 978-7-5695-0275-6

Ⅰ. ①新… Ⅱ. ①任… Ⅲ. ①新民主主义—政治思想史—研究—中国 Ⅳ. ①D696

中国版本图书馆 CIP 数据核字(2018)第 238983 号

新民主主义思想的源起和走向
XIN MINZHU ZHUYI SIXIANG DE YUANQI HE ZOUXIANG

任晓伟 著

责任编辑	刘存龙
责任校对	邓 微
出版发行	陕西师范大学出版总社
	（西安市长安南路199号 邮编710062）
网　址	http://www.snupg.com
印　刷	西安市建明工贸有限责任公司
开　本	889mm×1270mm　1/32
印　张	6.625
插　页	2
字　数	146 千
版　次	2019 年 3 月第 1 版
印　次	2019 年 3 月第 1 次印刷
书　号	ISBN 978-7-5695-0275-6
定　价	48.00 元

读者购书、书店添货或发现印刷装订问题，请与本公司营销部联系、调换。
电话：(029)85307864　85303629　传真：(029)85303879

陕西高校人文社会科学青年英才支持计划(第二批)

目 录

第一章 马克思主义革命阶段理论的转型与新民主主义思想的起源 / 001

一、马克思恩格斯关于革命阶段的理论 / 003

二、马克思主义革命阶段理论的第一次转型和新型民主革命观念的确立 / 009

三、马克思主义革命阶段理论的第二次转型与新民主主义理论的形成 / 016

四、马克思主义革命阶段理论视域中的中国特色社会主义 / 021

第二章 中国与世界关系的初步思考：新民主主义经济思想中的外资经济 / 029

一、新民主主义"五种经济成分论"的由来 / 031

二、20世纪40年代中期毛泽东关于外资经济的重要论述及其意义 / 034

三、新中国成立前后毛泽东不再重提外资经济的历史
原因　/ 041

第三章　1946—1947 年中国共产党对"和平土改"的尝试及其放弃　/ 049

一、"和平土改"构想的提出与政策框架的确定　/ 051

二、陕甘宁边区对土地征购的实践尝试及其经验
总结　/ 058

三、从有偿征购到暴力剥夺："和平土改"的放弃　/ 064

第四章　《论联合政府》与不同文献映衬中的新民主主义思想　/ 071

一、对战后中国资本主义发展重要性的高度肯定　/ 073

二、不同文献映衬中的新民主主义思想　/ 076

三、毛泽东修改《论联合政府》和改变"马克思主义中国化"提法的重要原因　/ 080

第五章　新民主主义政治经济学说的创立、内涵变迁与计划经济在中国的确立　/ 085

一、新民主主义政治经济学说的创立与内涵变迁　/ 086

二、中国共产党新民主主义计划经济观的形成和计划经济在中国的确立　/ 092

第六章　新中国成立前夕刘少奇对新中国社会主要矛盾的新思考　/ 109

一、新中国成立前夕刘少奇对我国社会主要矛盾的探索性思考　/ 112

二、新中国成立前夕刘少奇探索我国社会主要矛盾的逻辑依据　/ 115

三、新中国成立前夕刘少奇对我国社会主要矛盾思考的意义　/ 119

第七章　共产党情报局与从新民主主义到社会主义过渡的国际环境　/ 123

一、共产党情报局关于"两个阵营"时代理论的提出及其对新民主主义社会理论的影响　/ 126

二、共产党情报局对南斯拉夫共产党民族主义的大批判及其对新民主主义社会理论的影响　/ 130

三、共产党情报局对苏联社会主义模式的强化及其对新民主主义社会理论的影响　/ 143

四、毛泽东在1953年6月15日中央政治局会议上的讲话及其意义　/ 155

第八章　新民主主义社会理论是马克思主义中国化的创新成果　/ 165

一、新民主主义社会理论是 20 世纪 40 年代毛泽东新民主主义思想的客观组成部分　/ 167

二、从新民主主义革命到新民主主义社会再到社会主义社会　/ 174

三、新民主主义社会理论是马克思主义中国化的重大理论创新成果　/ 177

四、科学评价斯大林对毛泽东的理论影响：以迈斯纳《中国共产党历史上的斯大林主义》为视角　/ 181

主要参考书目　/ 200

后记　/ 203

第一章

马克思主义革命阶段理论的转型与新民主主义思想的起源

资产阶级民主革命和无产阶级社会革命的相互关系是马克思主义政治学说中的一个重要问题。这一问题,一方面是马克思主义全部理论研究的政治表征和实践诉求,另一方面也是与20世纪以来社会主义历史发展联系最为密切的问题之一。总的来看,19世纪40年代以来马克思主义革命阶段的理论形态经历了从马克思恩格斯的"不断革命论"、列宁的"新型民主革命论"到毛泽东的"新民主主义论"的观念转型。虽然这些问题在长期的研究中已经被国内外学者所广泛探讨,但是这些理论形态转变中的逻辑还有不断研究的必要,特别是对一些有争论性的基本理论问题。这对于深化研究毛泽东新民主主义思想的理论起源,特别是这一思想中蕴含的马克思主义知识谱系是非常重要的。另外,在新时代中国特色社会主义的理论和实践视域中,研究马克思主义革命阶段理论的转型也有特别的重要意义。因为在这种视角下来审视中国特色社会主义发展的理论和实践逻辑,可以体察到当代中国发展背后的历史脉络和现实背后的理论关照,从而能够有助于在马克思主义的理论层面上去认识和把握当代中国的发展,做到如同习近平总书记在纪念马克思诞辰200周年大会上所说的那样,"坚持用马克思主义观察时代、解读时代、引领时代"①。

一、马克思恩格斯关于革命阶段的理论

在当代的话语体系中,政治意义上的革命是一个饱受指责的概念。由于过去长期的"左"的政治的影响及其这一影响在当代的继续存在,革命往往与暴力、流血、专政、过度政治性和意识形态化的社会生活联系在一起,人们由此也不愿意再过于谈论革命,甚至有人提出要"告别革命"。与民主、自由、公正这些概念相比,革命似乎已经不再是人们用来反对社会和政治现实的标准概念②。但是,这些情绪性的认识与革命这一概念的本质并无必然的关联。作为人类社会组织变革的方式,以大规模的集体行动为社会政治行为特征的政治革命具有重要的意义。离开了革命,对人类社会历史发展的认识至少是很不全面的,也往往是非本质性的。因此,在马克思的历史唯物主义中,革命成了重要的核心概念之一,而关于民主革命和社会革命两种形态的革命考察则构成了马克思恩格斯政治学说的重要内容。

---

① 习近平:《在纪念马克思诞辰200周年大会上的讲话》,载《人民日报》2018年5月5日。
② 参见 John Dunn, "Revolution," in Terence Ball, James Farr, Russell L. Hanson, eds., *Political Innovation and Conceptual Change*, Cambridge: Cambridge University Press, 1989, p.333。

关于革命的本源,1845 年马克思、恩格斯在《德意志意识形态》中分析革命的历史起源时就指出:"生产力和交往形式之间的这种矛盾——正如我们所见到的,它在迄今为止的历史中曾多次发生过,然而并没有威胁交往形式的基础,——每一次都不免要爆发为革命,同时也采取各种附带形式,比如冲突的总和,不同阶级之间的冲突,意识的矛盾,思想斗争,政治斗争,等等。"①马克思在 1859 年《〈政治经济学批判〉序言》中则进一步对革命的本源进行了科学表述,他说:"社会的物质生产力发展到一定阶段,便同它们一直在其中运动的现存生产关系或财产关系(这只是生产关系的法律用语)发生矛盾。于是这些关系便由生产力的发展形式变成生产力的桎梏。那时社会革命的时代就到来了。随着经济基础的变更,全部庞大的上层建筑也或快或慢地发生变革。"②根据马克思的这一观点来看,革命基于生产力与生产关系的冲突和矛盾,是从经济关系到上层建筑的系统的社会组织变革。但马克思并没有局限在民族国家的范围内来考察这一冲突和变革,而是把它们放置到世界历史的层面来加以认识:"按照我们的观点,一切历史冲突都根源于生产力和交往形式之间的矛盾。此外,不一定非要等到这种矛盾在某一国发展到极端尖锐的地步,才导致这个国家内发生冲突。由广泛的国际交往所引起的同工业比较发达的国家的竞争,就足以使工业比较不发达的国家产生类似的矛盾。"③在对革命根源的社会性、客观性以及在世界资本主义时代条件下革命形成的

---

① 《马克思恩格斯选集》第 1 卷,人民出版社 1995 年版,第 115 页。
② 《马克思恩格斯选集》第 2 卷,人民出版社 1995 年版,第 32—33 页。
③ 《马克思恩格斯选集》第 1 卷,人民出版社 1995 年版,第 115—116 页。

时代广泛性的深刻认识基础上,马克思和恩格斯根据革命的阶级内容和历史任务把近代以来的革命区分为资产阶级的民主革命和无产阶级的社会革命两种形态。

作为两种不同形态的革命,民主革命和社会革命在历史内容和历史诉求方面是有严格界限的,或者说是有本质性区别的。民主革命是在封建主义和资本主义两种生产方式冲突的基础上建立资产阶级政治统治和资本主义经济关系的历史过程。社会革命则是在资本主义生产力和生产关系矛盾的基础上建立无产阶级政治统治和社会主义经济关系的历史过程。民主革命和社会革命是顺序发生的两种相互联系但又完全不同的政治行为和历史行动。马克思和恩格斯在强调和恪守民主革命和社会革命界限的同时,也高度强调从民主革命向社会革命转变的直接性,从而形成马克思恩格斯的"不断革命"的重要思想。

1848年欧洲革命前夕诞生的《共产党宣言》在阐述无产阶级的革命策略时说:"共产党人把自己的主要注意力集中在德国,因为德国正处在资产阶级革命的前夜,因为同17世纪的英国和18世纪的法国相比,德国将在整个欧洲文明更进步的条件下,拥有发展得多的无产阶级去实现这个变革,因而德国的资产阶级革命只能是无产阶级革命的直接序幕。"[①]1848年欧洲革命失败后,马克思并没有简单地去指责当时的无产阶级超越历史和物质条件的尝试,而是在对革命中各种空想社会主义进行了评价后认为,由于无政府派和其他资产阶级社会主义的失败,"无产阶级就愈益团结在革命的社会主义周围,团结在被资产

[①]《马克思恩格斯选集》第1卷,人民出版社1995年版,第307页。

阶级用布朗基来命名的共产主义周围。这种社会主义就是宣布不断革命,就是无产阶级的阶级专政"①。不过,马克思恩格斯的"不断革命"的思想是牢牢地确立在由资产阶级领导的民主革命和由无产阶级领导的社会革命作为两个发展阶段的不可逾越性之上的。英国学者麦克莱伦认为,马克思"不断革命"思想体现的革命激情与"政治制度依据社会经济基础逐渐发展这一思想是很难协调的"②。这里实际上并不存在矛盾,因为马克思对革命的所谓激情并没有跨越过民主革命和社会革命的区别这一理论底线。

1848年欧洲革命失败后,马克思在评论法国无产阶级试图超出资产阶级民主共和国的限制实现自己的阶级利益时,清楚地强调了民主革命和社会革命的界限:"一般说来,工业无产阶级的发展是受工业资产阶级的发展制约的。在工业资产阶级统治下,它才能获得广大的全国规模的存在,从而能够把它的革命提高为全国规模的革命;在这种统治下,它才能创造出现代的生产资料,这种生产资料同时也正是它用以达到自身革命解放的手段。只有工业资产阶级的统治才能铲除封建社会的物质根底,并且铺平无产阶级革命唯一能借以实现的地基。"③同样,在恩格斯对1848年德国革命经验的总结中也可以看到关于民主革命和社会革命严格区分的思想:"德国工人阶级在社会和政治方面的发展比英国和法国的工人阶级落后,正像德国资产阶

---

① 《马克思恩格斯选集》第1卷,人民出版社1995年版,第462页。
② David McLellan, *The Thought of Karl Marx, An Introduction*, New York: Harper & Row Publisher, 1971, p.200.
③ 《马克思恩格斯选集》第1卷,人民出版社1995年版,第385页。

级比英国和法国的资产阶级落后一样。主人是什么样,仆人也是什么样。人数众多、强大、集中而有觉悟的无产阶级的生存条件的演变,是与人数众多、富裕、集中而强有力的中间阶级的生存条件的发展同时进行的。在中间阶级的各个部分,尤其是其中最进步的部分即大工业家还没有获得政权并按照他们的需要改造国家以前,工人阶级运动本身就永远不会是独立的,永远不会具有纯粹无产阶级的性质。"[1]恩格斯在这里再清楚不过地表明了民主革命和社会革命界限的不可逾越性。当然,马克思和恩格斯也没有僵化、机械地认识这一问题。1853年4月12日,恩格斯在写给魏德迈的信中更是进一步清楚地表达了对这两种形态的革命在历史内容上的界限的认识,指出:"我感到,由于其他政党都一筹莫展和委靡不振,我们的党有一天不得不出来执政,而终究要去实行那些并不直接符合我们的利益,而是符合一般革命的利益、特别是小资产阶级利益的东西;在这种情况下,由于受到无产阶级大众的推动,由于受到我们自己所发表的、或多或少已被曲解的、而且在党派斗争中多少带着激昂情绪提出来的声明和计划的约束,我们将不得不进行共产主义的实验,并实行跳跃,但这样做还不是时候,这一点我们自己知道得非常清楚。这样做,会掉脑袋——但愿只在肉体方面——,会出现反动,并且在全世界能够对这种事情作出历史的判断以前,我们不仅会被人视为怪物(这倒无所谓),而且会被人看成笨蛋(那就糟透了)。我看不出还能有别的什么结果。在德国这样一个落后的国家里,由于它有一个先进的政党并且同法国这样

---

[1]《马克思恩格斯选集》第1卷,人民出版社1995年版,第487—488页。

一个先进的国家一起被卷入先进的革命,所以只要一发生严重的冲突,只要一出现真正的危险,这个先进的政党就不得不采取行动,而这对它来说无论如何是为时过早的。然而这无关紧要,重要的是在我们党的文献中为我们党应对这样的局面预先作历史的辩护。"①尽管恩格斯的这一重要论述一方面坚持民主革命和社会革命的界限和分野,但另一方面也表明在特殊历史条件下无产阶级及其政党提前掌握国家政权的可能性。在这种情况下,无产阶级政党的任务是准备好"预先作历史的辩护"。不过,即便是这样,恩格斯这时也没有把民主革命和社会革命两种形态的革命置于无产阶级历史行为的统一框架中来理解和认识。

由于20世纪20年代列宁去世后,苏联共产党在复杂剧烈的理论和政治斗争中使"不断革命"这一概念后来具有了更多的复杂的内容,特别是当"不断革命"成为以托洛茨基为代表的"托派"在理论上的标识性概念后,"不断革命"这一概念就更具复杂性了。在这场斗争中,不同的人都从特定的需要出发或是使用或是攻击"不断革命"的思想。托洛茨基后来在解释自己的"不断革命"思想时指出:"不断革命论,从马克思赋予这个概念的意义来说,意味着一种同阶级统治的任何形式都不妥协的革命,这种革命并不停留在民主主义阶段,而要进一步采取社会主义措施并进行反对外国反动势力的战争;这就是说,这种革命的每一个阶段都同前一个阶段相衔接,它只有在阶级社会完全

---

① 《马克思恩格斯文集》第10卷,人民出版社2009年版,第110页。

消灭的时候才能够结束。"①从马克思主义关于"不断革命"论述的文献来看，托洛茨基的这个解释，粗看起来是没有问题的，但是却只强调了民主革命对社会革命的承接性而没有强调它们之间的界限和区分，更是没有基于历史辩证法的视角涉及民主革命的领导主体可否换位的问题。

总体上说，马克思恩格斯的"不断革命论"是基于民主革命和社会革命的区分基础之上的，希望无产阶级在推进资产阶级领导的民主革命的过程中做好为社会主义革命斗争的准备。但应该说，在马克思恩格斯的这一思想中还不包含由无产阶级领导资产阶级民主革命并进而向社会主义过渡的这一认识，以及在无产阶级政党的领导下二者的同一性发展问题。

二、马克思主义革命阶段理论的第一次转型和新型民主革命观念的确立

在20世纪马克思主义理论史上，列宁立足于俄国落后的现实情况对马克思主义的革命阶段理论进行了重大发展，形成了新型的民主革命论。这里所谓的"新"，就是经过列宁主义这个阶段的转型后，马克思恩格斯关于革命阶段的理论发生了三个显著的变化：一是原初理论中的由资产阶级领导民主革命和由无产阶级领导社会革命的革命阶段划分转变为由无产阶级领导民主革命，继而在此基础上去领导社会革命，这里最关键的是形成了无产阶级领导的民主革命这一新思想。二是原初理论中

---

① 列夫·托洛茨基：《"不断革命"论》，生活·读书·新知三联书店1966年版，第85页。

强调的由资产阶级民主革命胜利后为社会革命的形成提供资本主义发展的经济社会条件,调整为无产阶级领导民主革命胜利后为社会革命的形成提供的工农苏维埃政权的政治条件。三是原初理论中强调的社会革命的历史制约性转变为利用一切因素首先夺取国家政权,然后在无产阶级国家政权的基础上追赶其他国家文明发展的思想。这三个思想观点的形成,对于20世纪的社会主义革命理论和实践产生了强烈的影响。

在1901—1902年《怎么办?》中,列宁通过对无产阶级政党的作用的阐述,为现代共产主义学说的形成提供了一个新的理论和政治基础。在此基础上,列宁在1905年《社会民主党在民主革命中的两种策略》中进一步系统地阐述了无产阶级如何去领导民主革命的问题,推动着马克思主义革命阶段理论的深刻战略转型。

列宁的新型民主革命理论并不否认民主革命的历史价值和民主革命的资产阶级性质。"俄国经济发展的程度(客观条件)和广大无产阶级群众的觉悟程度和组织程度(和客观条件密切联系着的主观条件),都使工人阶级无法立即获得完全的解放。只有最无知的人,才能忽视当前的民主革命的资产阶级性质;只有最幼稚的乐观主义者,才能忘掉工人群众还不大了解社会主义的目的及其实现的方法。而我们大家都确信,工人的解放只能是工人自己的事情;如果群众还缺乏觉悟和组织性,还没有在同整个资产阶级的公开的阶级斗争中受到训练和教育,那是根本谈不上社会主义革命的。持无政府主义性质的反对意见的人说我们拖延社会主义革命,对此我们回答说:我们并不是拖延社会主义革命,而是用唯一可能的方法,沿着唯一正确的道路,即沿着民主共和制的道路,向社会主义革命迈出第一步。谁想不经过政治上的民主制度而沿着其他道路走向社会主义,谁就必然会得出一种无论在经济上或是在政治上都是荒谬的和反动的结论。"① 既然民主革命是走向社会革命的基础,那么无产阶级必须要支持和参加民主革命的进程,这当然是马克思恩格斯的重要思想,也是列宁的一个重要观点,不过在列宁看来这里还有另外一层重要的意义,即在列宁看来这也是区分马克思主义与民粹社会主义的重要问题。不过,在这里还是可以看出列宁与马克思恩格斯思想上一个细微的差别:马克思恩格斯强调民主革命的重要性时更多地强调资本主义的发展对于未来社会主义的基础性作用,而列宁则更多地强调民主革命对于社会革命在政治上的推进作用。这使得列宁很自然地提出了无产阶级在民主革命中的领导权,进而为从政治条件出发来认识社会主义提供了新的方法论。

马克思恩格斯也认为无产阶级要参加民主革命并尽力使民主革命符合自己的利益,但是马克思恩格斯并没有在革命领导权的层面超越民主革命的阶级内容;而列宁新型民主理论的首要内容则在于超越民主革命和社会革命的阶级界限,构建起无产阶级领导民主革命的新型观念形态。列宁指出:"马克思主义教导无产者不要避开资产阶级革命,不要对资产阶级革命漠不关心,不要把革命中的领导权交给资产阶级,相反地,要尽最大的努力参加革命,最坚决地为彻底的无产阶级民主主义、为把革命进行到底而奋斗。我们不能跳出俄国革命的资产阶级民主

---

① 《列宁选集》第 1 卷,人民出版社 1995 年版,第 537 页。

的范围,但是我们能够大大扩展这个范围,我们能够而且应当在这个范围内为无产阶级的利益而奋斗,为无产阶级当前的需要、为争取条件积蓄无产阶级的力量以便将来取得完全胜利而奋斗。"①其实,列宁所说的"马克思主义教导"的"不要把革命中的领导权交给资产阶级"这一思想是立足于20世纪初期俄国的历史和革命具体实践特征形成的,是适应俄国社会主义革命发展的具体需要形成的新认识新观念。列宁在追溯这一新认识新观点的思想渊源时则指出:"我们大家都认为资产阶级革命和社会主义革命是截然不同的东西,我们大家都无条件地坚决主张必须把这两种革命极严格地区分开,但是,难道可以否认前后两种革命的个别的、局部的成分在历史上互相交错的事实吗?难道在欧洲民主革命的时代没有许多社会主义运动和争取社会主义的尝试吗?难道欧洲未来的社会主义革命不是还有许许多多民主主义性质的任务要去最终完成吗?"②列宁的这一表述,一方面表明马克思主义者内部在无产阶级能否领导民主革命问题上的理论争论,另一方面也表明了列宁主要是试图立足马克思主义辩证法的逻辑来论证无产阶级领导民主革命的合法性。其实,关键的问题并不在这里,而在于列宁所说的"革命的时代提出了只有十足的瞎子才看不见的新的任务"③。列宁这里所说的"新的任务"是指在俄国资产阶级由于自身的局限和不足不能够成功领导和胜利完成民主革命的情况下,俄国的无产阶级要不要和敢不敢去领导资产阶级民主革命和夺取国家政权,并

---

① 《列宁选集》第1卷,人民出版社1995年版,第558页。
② 《列宁选集》第1卷,人民出版社1995年版,第591页。
③ 《列宁选集》第1卷,人民出版社1995年版,第610页。

通过在革命后建立工农民主政权为向社会革命的过渡提供基础和条件的问题。这其实也是在社会主义理论史上第一次提出在无产阶级及其政党领导下把民主革命和社会革命两个阶段"毕其功于一役"的历史过程。

在列宁构建新型民主革命理论的同时,托洛茨基也形成了自己的"不断革命论",体现出马克思主义革命阶段理论第一次转型过程中俄国马克思主义者内部另外一种形态的思想主张。

托洛茨基的"不断革命论",归结起来,主要有三个基本观点:第一,落后国家的无产阶级在领导民主革命夺取国家政权之后,建立无产阶级专政,实现民主革命向社会主义革命的过渡。第二,建立无产阶级专政只是社会主义革命的开始,而不是结束,因此落后国家的无产阶级在取得国家政权之后还面临着在国内经济、技术、文化、道德等方面不断推进社会主义的严峻任务。第三,社会主义具有国际性,它始于民族国家的范围,但不可能仅仅在民族范围内存在和发展。只有先进国家的无产阶级革命获得胜利后的支持下,才能使落后国家的无产阶级专政具有经验上的可能性。这三个基本观点是托洛茨基自从1905年后在阐述"不断革命论"时所反复阐述的。比较而言,上述三个基本观点中第一个观点是基础,也是最为重要的,因为没有第一个观点,是不会产生后面两个方面的问题。托洛茨基说,"不断革命""这个理论指出,在我们这个时代,落后资产阶级国家的民主任务可以直接导致无产阶级专政,而无产阶级专政则可以把社会主义提上日程。这就是这个理论的中心思想"①。与列宁的新型民主革命理论一样,托洛茨基的"不断革命"理论也是立足于无产阶级对资产阶级民主革命的领导这一基础之上的;但相比于列宁,托洛茨基解构了马克思恩格斯思想中无产阶级和资本主义发展的具有直接历史同一性的思想。托洛茨基说:"毫无疑问,工业无产阶级的人数、集中程度、文化程度以及在政治上的重要性,都依赖于资本主义工业发展的程度。但是这种依赖性不是直接的。在一个国家的生产力和它的各阶级的政治力量之间,在每一个特定时刻,都夹杂着许多不同的国内和国际性质的社会和政治因素,这些因素会使经济关系在政治上的表现发生偏差,甚至完全变形。"②托洛茨基的这一观点是一个极其危险的认识。因为无产阶级的形成一旦脱离了资本主义发展的客观制约性,就可能滑向一个主观性的概念,从而背离了马克思恩格斯关于阶级是客观性的物质现象的基本观点。在此基础上,托洛茨基进一步解构了资本主义发展对于无产阶级历史事业客观上所起的作用,也就是说,社会主义的发展并不依赖于资本主义发展所提供的经济社会条件:"无产阶级随着资本主义的发展而成长和日益壮大。在这个意义上,资本主义的发展也就是无产阶级向专政的发展。但是,政权转到工人阶级手中的时日,并不直接决定于生产力所达到的水平,而是决定于阶级斗争中的关系,决定于国际形势,最后还决定于许多主观因素,

---

① 列夫·托洛茨基:《"不断革命"论》,生活·读书·新知三联书店1966年版,第87页。

② 列夫·托洛茨基:《"不断革命"论》,生活·读书·新知三联书店1966年版,第32页。

如传统、首创精神和战斗的准备……"①

比较而言,在马克思主义革命阶段理论第一次转型的过程中,托洛茨基体现出一种"左"甚至是"极左"的认识。但不容置疑的一点是,列宁和托洛茨基在无产阶级领导资产阶级革命并在此基础上夺取国家政权这一点上并没有什么分歧,是高度统一的。托洛茨基在分析关于如何认识历史发展中的阶段问题时说过一段非常深刻的话:"历史进程中的这个阶段或那个阶段,虽然从理论上说不是不可以避免的,但在某些条件下却可以被证明为不可避免的。反过来说,理论上'不可避免的'阶段,也可以为发展的动力压缩得无影无踪,特别是在并不是毫无缘故地被称为历史火车头的革命期间。"②这段话中的辩证法精神相信是会得到列宁的赞许的。根据马尔库斯的研究,甚至革命首先在资本主义统治的薄弱环节取得胜利这一观点也是源于托洛茨基而不是列宁。③ 不过,从托洛茨基的"不断革命论"中,可以鲜明地看到他的这一思想所蕴含的辩证唯物主义的分割。当欧洲的修正主义者抓住"唯物主义"来论证资本主义的稳定性和社会主义的不可实践性时,托洛茨基的"不断革命论"开始转向"辩证法"来论证资本主义的危机性和社会主义的迫切性。

因此说,托洛茨基的"不断革命论"是马克思主义革命阶段论转型中一种不成功的理论形态。实践表明,列宁的新型民主

---

① 列夫·托洛茨基:《"不断革命"论》,生活·读书·新知三联书店1966年版,第30页。

② 列夫·托洛茨基:《"不断革命"论》,生活·读书·新知三联书店1966年版,第191页。

③ Herbert Marcuse, *Soviet Marxism: A Critical Analysis*, New York: Columbia University Press, 1958, p.29–30.

革命论是唯一适应20世纪初俄国革命的具体环境的理论形态，也正是在这一理论形态的基础上，中国共产党推动了马克思主义革命发展阶段论的第二次理论转型。

三、马克思主义革命阶段理论的第二次转型与新民主主义理论的形成

继列宁的新型民主革命论后，马克思主义革命发展阶段理论的第二次转型出现在20世纪40年代的中国。以毛泽东为代表的中国马克思主义者用新民主主义革命理论再次推动了马克思恩格斯革命阶段理论的嬗变和发展，从而在马克思主义理论框架内完成了对中国无产阶级政党领导的民主革命及其与社会革命关系的论证。经过这次转型，最明显的一个变化就是，马克思主义革命阶段理论进一步适应了一个比20世纪初期的俄国还要落后得多的中国的社会经济环境，从而在继俄国革命之后进一步明显地体现出无产阶级及其政党超越资产阶级去领导民主革命和推进社会主义的强烈历史主动性。

就十月革命前中国知识分子对于马克思主义的早期理解来看，他们能够把握住马克思的一些基本主张并认识到马克思最主要的贡献在于实现了社会主义从空想到科学的发展。但是，他们对于马克思的历史唯物主义、阶级和阶级斗争理论还缺少全面的了解，特别重要的是基本上没有认识到马克思的"不断革命"理论，即每一个革命都是由特定的阶级来领导并建立一

个新的生产、分配方式和政治秩序①。中国共产党成立后,在对民主革命和社会革命关系的认识上也经历了非常曲折的认识。从陈独秀的先让资产阶级搞民主革命,再让无产阶级搞社会革命的"二次革命论",到后来的把民主革命与社会革命一起搞了的"一次革命论",从主要的思想观点来看,中国的马克思主义者事实上一直是在马克思恩格斯的革命发展阶段理论和一种实际上接近于托洛茨基的"不断革命论"之间徘徊。而20世纪40年代形成的毛泽东的新民主主义革命论则使得中国共产党走出了对于民主革命和社会革命两个阶段关系的混乱认识,使得这一问题在"五四"以来中国马克思主义发展史上第一次得到清晰而科学的认识和理解。

其实,毛泽东的新民主主义革命论在基本观点上和主要理论思路上并没有离开或超出列宁的新型民主革命论。在1940年的《新民主主义论》中,毛泽东在论证新民主主义革命的内涵时说,中国革命"虽然按其社会性质,基本上依然还是资产阶级民主主义的,它的客观要求,是为资本主义的发展扫清道路;然而这种革命,已经不是旧的、被资产阶级领导的、以建立资本主义的社会和资产阶级专政的国家为目的的革命,而是新的、被无产阶级领导的、以在第一阶段上建立新民主主义的社会和建立各个革命阶级联合专政的国家为目的的革命。因此,这种革命又恰是为社会主义的发展扫清更广大的道路"②。如果从无产阶级的领导权、革命胜利后政权的性质等方面把毛泽东这里对

---

① Michael Y. L. Luk, *The Origins of Chinese Bolshevism: An Ideology in the Marking*, 1920–1928, Hong Kong: Oxford University Press, 1990, p. 15–16.

②《毛泽东选集》第2卷,人民出版社1991年版,第668页。

于新民主主义革命的论述与列宁在《社会民主党在民主革命中的两种策略》中对于新型民主革命的论述相比,可以看出毛泽东的认识正是以列宁的认识为理论基点的。不仅如此,甚至是在语言模式上也存在一定的相似性。从这个意义上看,毛泽东的新民主主义革命论在理论的逻辑性上只是对列宁的新型民主革命论在中国的运用。

但是毛泽东并不是简单地重复列宁的新型民主革命论。在列宁的理论框架下,毛泽东有许多新的发展,特别是在对资产阶级的政治经济态度上,毛泽东的认识明显地要比列宁的认识更为深刻一些。列宁的新型民主革命理论,在强调无产阶级对民主革命的领导权时,明显地否定和排除了资产阶级的作用,"因为事实上只有当资产阶级退出,而农民群众以积极革命者的姿态同无产阶级一起行动的时候,俄国革命才会开始具有真正的规模;只有那时,才会有资产阶级民主革命时代可能有的那种真正最广大的革命规模"①。但是,毛泽东的新民主主义革命论中并没有让资产阶级"退出",相反是在非领导权的意义上高度肯定资产阶级在民主革命中的重要性。"由于中国民族资产阶级是殖民地半殖民地国家的资产阶级,是受帝国主义压迫的,所以,虽然处在帝国主义时代,他们也还是在一定时期中和一定程

---

① 《列宁选集》第1卷,人民出版社1995年版,第607页。列宁的这一思想也可以概括为没有资产阶级参加的资产阶级民主革命。英国学者大卫·莱恩认为列宁的这一革命观是:"由于工业、商业资产阶级的软弱,工人阶级通过共产党承担着领导资产阶级革命的任务。工人阶级的活动将把资产阶级卷入运动之中,形成了资产阶级革命。"这一认识所体现的对于列宁民主革命理论的认识应该说不是准确的。David Lane, *Leninism: A Sociological Interpretation*, Cambridge: Cambridge University Press, 1981, p.31。

度上,保存着反对外国帝国主义和反对本国官僚军阀政府的革命性,可以同无产阶级、小资产阶级联合起来,反对它们所愿意反对的敌人。"①除对于资产阶级政治上的作用肯定之外,毛泽东更为积极地肯定中国资本主义经济发展重要性,认为:"拿资本主义的某种发展去代替外国帝国主义和本国封建主义的压迫,不但是一个进步,而且是一个不可避免的过程。它不但有利于资产阶级,同时也有利于无产阶级,或者说更有利于无产阶级。"②中国革命的新民主主义性质表明,"这个革命的结果,将使工人阶级有可能聚集力量因而引导中国向社会主义方向发展,但在一个相当长的时期内仍将使资本主义获得适当的发展"③。总起来说,对于毛泽东新民主主义革命论的认识必须要立足于列宁的新型民主革命论,因为新民主主义革命论所涉及的核心问题,即在落后的经济社会条件下共产党如何领导民主革命的问题,恰恰是从列宁开始思考的,毛泽东是站在列宁思想理论的基础上进一步来思考中国民主革命问题的。但从上述毛泽东对于中国资产阶级和资本主义经济作用的认识来看,毛泽东显然开始思考一个列宁没有思考过的问题,即民主革命胜利后一个独特的新民主主义社会的建构问题。毛泽东关于对中国资产阶级和资本主义作用的认识粗线条地勾勒出了后来被作为"新民主主义社会"的主要制度性特征,即在政治上建设一个以无产阶级为领导的多阶级联合的统一战线性质的、以人民代表大会为政体的国家政权,经济上建设一个以国营经济、资本主义

---

① 《毛泽东选集》第 2 卷,人民出版社 1991 年版,第 673 页。
② 《毛泽东选集》第 3 卷,人民出版社 1991 年版,第 1060 页。
③ 《毛泽东选集》第 3 卷,人民出版社 1991 年版,第 1074 页。

经济、个体经济为主要经济形态的国家经济,文化上建设一个以马克思主义为指导的、民族的科学的大众的国家文化。毛泽东新民主主义社会论在新民主主义革命理论的基础之上,回答了新民主主义革命成功之后中国共产党要建立的新民主主义社会的主要特点,进而形成了与新民主主义革命论所相适应的新民主主义社会论,从而构成了完整的新民主主义思想。同时,也正是由于新民主主义革命后特殊社会形态的建构这一问题的提出,使毛泽东新民主主义思想成为马克思主义革命阶段理论第二次转型中的主要理论内容。

但是,毛泽东的新民主主义思想是处在自身的紧张的矛盾之中。这种矛盾,集中表现在意识和历史的矛盾上。新民主主义思想试图去平衡阶级意识和历史要求。从历史要求来看,资本主义的发展在中国这样一个落后的国家具有一定的历史合理性,体现着中国经济社会的进步性。但是从无产阶级的意识来说,它要求消灭资本主义,建立社会主义和共产主义。从列宁的新型民主革命论、托洛茨基的"不断革命论"来看,这两种理论都试图在把无产阶级与资产阶级、社会主义与资本主义的发展的关系解构,以及把无产阶级政党与无产阶级同一化后试图用阶级意识来压抑历史的发展,或者说用自身意识来重新创造自己需要的历史基础。不同的是,列宁的新型民主革命论通过强调无产阶级领导民主革命胜利后通过国家政权推动社会主义建设的历史方略来化解这一意识和历史的特定矛盾。托洛茨基的"不断革命论"则试图在无产阶级通过民主革命夺取国家政权后引入世界革命的因素来化解这一意识和历史的特定矛盾。对于中国的马克思主义者来说,这一矛盾在认识和实践上要更为复杂一些。由于近代中国面临着尖锐的民族矛盾,中国马克思主义者不得不抑制自己的阶级意识,转而更多地注重社会主义的物质规定性。因此,中国无产阶级政党在领导民主革命的过程中,总的来说,能够维持住意识和历史的平衡。可是,一旦这种外部的民族矛盾基本上消失,不再作为中国的主要社会矛盾,那么可能看到,意识和历史的平衡马上开始转向意识对历史的强烈统摄性,而这必然要对革命胜利后新民主主义社会的建设带来强烈的解构性影响。

尽管在新中国成立后中国发展历史上,并没有一个完整的新民主主义社会阶段,但这并不影响毛泽东新民主主义思想在马克思主义发展史,特别是在马克思主义革命阶段理论发展史上的重要地位。新民主主义社会理论的实践问题只是以更加复杂的方式呈现出了落后国家在走向社会主义、共产主义过程中的历史特殊性。

四、马克思主义革命阶段理论视域中的中国特色社会主义

中国特色社会主义的核心问题是中国作为一个相对落后的国家如何建设社会主义,这一问题的客观存在决定了中国特色社会主义与马克思主义革命发展阶段理论之间的内在思想和历史关联。这种关联,最主要的一点是,中国特色社会主义在其回答的历史主题上,与毛泽东新民主主义思想,特别是新民主主义社会论存在着历史的连续性。从一定意义上说,中国特色社会主义实质上还是要完成新民主主义社会论没有最终完成的马克思主义革命阶段理论的第二次转型。尽管后来中国马克思主义

的理论话语不断发生变化,但中国特色社会主义理论实际上是运用一些新的概念来不断提升对于发展生产力和在此基础上推进社会主义建设的新认识,这与毛泽东新民主主义思想在经济发展落后性基础上强调中国社会主义社会发展的历史特殊性是一致的。

在改革开放以来中国特色社会主义形成和发展的过程中,中国共产党同样面对着毛泽东新民主主义思想构建时所包含的历史和意识之间的矛盾。不同的是,面对这一矛盾,中国的马克思主义者不再试图强化无产阶级的阶级意识来人为地改造现实,而是通过改革和重塑这种意识本身来消解这一矛盾并为提升现实的合理性提供意识形态上的空间。特别重要的是三个方面,一是不再把商品经济和市场经济看作为资本主义以及划分资本主义和社会主义的本质,而是把市场作为发展生产力的手段而工具理性化。二是不再从姓"社"姓"资"的角度来定性社会经济的发展,由此形成了一系列新的概念,比如非公有制经济、以私营企业主为代表的新兴社会阶层、混合所有制、先进生产力、科学发展等。三是塑造新的意识形态概念,特别是"中国梦""人类命运共同体""民族复兴"等新的概念的提出来整合国家和民族,这些新的意识形态概念既体现出中国社会的具体实践,又具有马克思主义的理论底蕴,从而凝聚起新的强大的思想力量和意识力量。通过对社会主义阶级意识本身的改造和重塑,中国马克思主义者曾经在新民主主义革命中以及在新中国成立后面对的历史和意识的矛盾被大大地缓解了。但同时,中国特色社会主义论又具有自身一系列新的重大战略性问题,这些问题以特有的方式折射出了马克思主义革命发展阶段理论在当代中国的现实境遇。

第一,中国特色社会主义形成的一个重要的思想条件就是对传统社会主义阶级性意识的核心概念进行了价值重塑,比如商品、市场、资本等。这些在传统社会主义发展时期被作为资产阶级性质的概念在中国特色社会主义理论体系中被中性化了,从而使当代中国的马克思主义者摆脱了过去历史和意识之间的矛盾所带来的压力,但是由此当代中国在意识形态建设中却出现了新的问题或矛盾。马克思主义在近代中国传播的过程中,同时适应了中国面对的现实世界和意义世界中的两种危机,即现实的政治和社会秩序危机以及儒学的主体地位受到冲击后带来的思想危机。为什么近代中国的其他社会政治思潮都没有能够站住脚,而马克思主义在传入中国后能够站住并越来越深地融入中国社会发展和思想发展之中,这是很重要的一个因素。马克思主义既是救亡图存的理性工具,而且也是中国人重构意义世界的价值工具。但当把马克思主义理论中传统的诸如阶级、革命、商品、市场、资本等这些概念进行理论解构后,固然适应了当代中国经济发展的需要,为改革开放提供了宽阔的意识形态空间,但同时也消解了"革命中国"的意义世界,再次留下了巨大的意义世界和道德世界的真空。因而,当人们在经济上开始富有的同时,感叹意义生活的失落、道德上的危机时,这就不是一种偶发的社会现象。在这种环境中,各种新老左派思潮、自由主义思潮、民主社会主义思潮、民粹主义思潮、民族主义思潮、新儒学思潮、历史虚无主义思潮、消费主义思潮①开始崛起并向人们的意义世界渗透,成为当代中国意识形态和文化重建中面对的最主要问题,也即"大我的消解"②。可以说,在商品、资本、市场被"解放"后,传统马克思主义革命话语所构建的以国家为本位的集体主义的"大我"也开始跟着出现消解,如何重建一个具有道德理想的意义世界的问题在新的条件下以新的方式再次提了出来,也成为中国特色社会主义在重构革命后社会形态的过程中必须要面对的一个重大问题。这一问题最终关系到马克思主义革命发展阶段理论在当代中国能否完成它的第二次转型,以及维系住中国特色社会主义作为所包含的中国发展实践和社会主义意识的新的平衡。

第二,中国特色社会主义的形成发展的历史演进中新的意识形态建设任务紧迫而繁重。马克思主义政党是意识形态特征非常鲜明的政党,加上中国历史上重视意识形态的传统,因此中国马克思主义者的意识形态特征更加突出。在马克思主义传入中国后,中国马克思主义者解释马克思主义的参照体系发生了三次重大的变化:革命时期主要是以列宁主义为蓝本来解释马克思主义;新中国成立之后主要是以斯大林主义为蓝本来解释马克思主义;改革开放后则主要以经典马克思主义为蓝本来解释马克思主义,并试图来建立一种独特形态的中国化马克思主义。不过,在目前中国的现实条件下,马克思主义经典学说中许

---

① 关于这些思想形态的形成、内涵和主要的社会表现等问题,可参见马立诚:《最近四十年中国社会思潮》,东方出版社 2015 年版。

② 许纪霖:《大我的消解:现代中国个人主义思潮的变迁》,见许纪霖、宋宏编:《现代中国思想的核心观念》,上海人民出版社 2011 年版,第 209 页。

多具体的观点和原理确实是无法适应现阶段当代中国社会发展的，比如消灭商品市场资本、生产资料上"重建个人所有制"、"国家消亡"等。由此必须要不断推进马克思主义中国化的理论事业，在马克思主义立场、方法的基础上发展马克思主义，创新21世纪马克思主义。

经典马克思主义能不能为一条非经典的社会主义的发展道路或发展现实提供牢固的意识形态支撑，这一问题成为20世纪后马克思主义和社会主义发展史上的具有战略性的重大问题。列宁晚年在《论我国革命》中说："既然建立社会主义需要有一定的文化水平，我们为什么不能首先用革命手段取得达到这个一定水平的前提，然后在工农政权和苏维埃制度的基础上赶上别国人民呢？"①在落后国家完成社会主义革命和建立了社会主义基本制度后进行赶超发展，是在错位革命条件下列宁发展思想和落后国家社会主义实践中真正核心的东西，事实上也是后来共产党无论是搞计划经济时期还是市场经济时期都在始终坚持的、没有发生过变化的思想。中国特色社会主义从发展框架来看，也没有走出列宁的这个观点。从这个意义来看，重返马克思主义经典，试图用经典马克思主义的具体原理和观念来建构中国发展的意识形态，根本是一件不可能的事。强化经典马克思主义的观念力量只能加大意识形态和现实之间的鸿沟和张力。因此，马克思主义中国化的问题就是一个十分重要和紧迫的问题。马克思主义中国化，实质上是消解和填补经典马克思主义与中国现实之间的差距，为中国特色社会主义实践发展提

---

① 《列宁选集》第4卷，人民出版社1995年版，第777页。

供合理化的理论论证和辩护。但是,从改革开放以来马克思主义中国化的进程来看,总体上是在一种经济主义发展战略下来解释马克思主义的,工具理性的分量在不断地加大,利益主义观念开始强大崛起①,以至于有人担心马克思主义中国化的趋向会不会是"化掉"马克思主义。当然,这只是一种极端性的讲法。但是,马克思主义中国化和当代化进程中这种挑战是存在的。现在面对的一个重要问题是不能让所有社会主义和马克思主义的价值观简单地去服从于一种经济主义战略下发展的需要,这是作为马克思主义革命发展阶段转型后的一种特定形态的中国特色社会主义所面对的一个重要问题。随着经济社会的发展,中国需要更多具有社会主义性质的社会生活内容,特别是对社会平等和正义的积极建构。十八大后,革命性话语再次在中国强大崛起和广泛传播,其深层意蕴实质上正在这里。

第三,民主是中国特色社会主义事业发展中具有基础性的战略问题。在马克思恩格斯的"不断革命"思想中,他们所以要坚持资产阶级搞民主革命在先、无产阶级搞社会革命在后,一个重要原因就是基于对资本主义发展进程中无产阶级认识、运用民主能力的增加的判断。事实上,马克思、恩格斯当时讲进入社会主义的条件是"两个高度发达",一个是生产力的高度发达,一个是无产阶级运用民主能力的高度发达。在后来的研究中,

---

① 参见郑永年:《再塑意识形态》,东方出版社 2016 年版,第 91—100 页。

人们习惯于讲第一个高度发达,不讲第二个,这其实是一种误解。①列宁的新型民主革命论固然提供了以无产阶级领导民主革命为基点的新的革命发展理论,但是列宁并没有忽视民主,他在晚年所设计的加强工农民主政权等一系列制度建设,其实也是着眼于民主问题,即通过民主制而走向社会主义。当然,列宁强调的民主,主要是集中于作为阶级、制度形态的民主,而不是基于程序和生活形态的民主,这决定了后来整个马克思主义者理解民主的主要向度。② 但是在共产党执掌国家政权后,仅仅把民主作为阶级问题和制度形态是远远无法满足马克思主义者领导国家建设需要的。苏联社会主义的失败,表明错位发展后的革命最终没有能够坚持下去。一个重要原因就是民主问题,由此也把在社会主义制度基本上确立后共产党如何领导民主建设的问题以极端重要的方式提了出来。

中国特色社会主义从一开始既起源于传统发展模式下人民生活的贫困,彰显了"贫困不是社会主义"的新认识新战略,同时也起源于对民主和国家的政治生活的重新反思。邓小平在1979年3月所做的《坚持四项基本原则》的讲话中说:"没有民

---

① 这不仅在中国就是在国外马克思主义研究中也是比较普遍的。比如,马尔库斯在其著名的《苏联马克思主义》一书中阐述马克思关于向社会主义过渡的思想时指出,马克思认为向社会主义过渡需要具有三个条件:一是达到很高水平的技术和工业生产能力,这些能力以前没有被用来创造人的生活,二是生产力的发展已经越出了私人控制的界线,三是作为有意识的阶级力量、追求自己真正的利益和反对资本主义制度的劳动阶级政治组织的增长。Herbert Marcuse, *Soviet Marxism:A Critical Analysis*, New York: Columbia University Press, 1958, p. 19. 不过,关于民主的问题,在第二国际时期的理论家中一直是得到强调的,特别是在奥地利马克思主义者鲍威尔的著作中体现得比较多。

② 参见任晓伟:《阶级民主和程序民主——考茨基和列宁政制之争再思考》,载《当代世界社会主义问题》2011年第2期。

主就没有社会主义，就没有社会主义的现代化。当然，民主化和现代化一样，也要一步一步地前进。社会主义愈发展，民主也愈发展。这是确定无疑的。"①这极其鲜明地表明了民主在整个中国特色社会主义中的重要性。在中国共产党的领导下，中国致力于探索和发展一条不同于西方民主模式的中国特色的社会主义民主模式。从定性的角度看，中国特色社会主义民主模式的实质是中国共产党领导下的人民民主。从定量的角度来看，这里有两个核心问题，一是对共产党权力的监督和制约，即如何在一党长期执政的条件下实现对党和国家的权力的监督，不断实现执政党自身的革命性锻造和自我革命，这确实是人类政治史上的一个难题，但也正是这一问题在客观上决定了中国共产党在人类政治史上的政治创新。另一个是如何实现广大人民群众的政治参与，在一个13多亿人口的国家，这确实也是一个难题。改革开放以来，中国共产党在推进中国民主政治发展过程中取得了重大成就，以强大的制度力支撑着中国改革开放的历史性成就。但是，继续推进广大人民群众的政治参与仍然是一个繁重的历史任务，这也是中国特色社会主义向新时代新的质的形态发展中必须要呈现出来的一个重大问题。从其中所蕴含的历史逻辑来看，推动和深化新时代中国特色社会主义民主建设既是从列宁的新型民主革命论开始，经新民主主义思想延伸到当代中国的一个重大问题，同时也是在最终的意义上决定着马克思主义革命阶段理论第二次转型的现实命运。

---

① 《邓小平文选》第2卷，人民出版社1994年版，第168页。

第二章

中国与世界关系的初步思考：
新民主主义经济思想中的外资经济

新民主主义思想的形成，既有马克思主义的思想谱系，同时也具有对中国特殊历史的适应性。这里所说的"特殊"，就是在当时中国这样一个落后的国家中中国共产党如何领导完成国家的工业化。这是历史赋予中国共产党和中国社会主义的重大历史课题。新民主主义思想，在一定意义上说，是在理论上对这一历史课题的适应和回应，这一点特别鲜明地体现在毛泽东在构建新民主主义思想时对外资经济的重要论述上。这是在研究新民主主义思想的起源过程中一个不可忽视的重大问题。关于新民主主义经济的构成，长期以来，人们一直沿用的是"五种经济成分论"的认识，即新民主主义经济是由国营经济、国家资本主义经济、合作社经济、私人资本主义经济和个体经济组成的，这一认识主要反映的是20世纪40年代后期中国共产党对新民主主义经济的理解。从20世纪40年代中期毛泽东关于外资经济的论述来看,外资经济构成了新民主主义经济体系中的一个重要组成部分。虽然新中国成立前后由于客观的历史原因,毛泽东没有重提外资经济,但外资经济在新民主主义经济体系中的理论地位是不应该被忽视的。把外资经济看作新民主主义经济理论的重要组成部分,对于更完整地认识新民主主义经济是非常必要的,这在深层次上反映出当时中国共产党在新民主主义理论框架中对中国和世界关系的思考。

一、新民主主义"五种经济成分论"的由来

毛泽东最早提及新民主主义经济形态的问题,是在1940年1月的《新民主主义论》中。在《新民主主义论》中,毛泽东把新民主主义经济划分为国营经济、资本主义经济、实现"耕者有其田"后发展起来的个体经济和合作经济。这深刻反映出毛泽东对在多种经济成分中推动中国经济发展的战略思想。总体上看,"谁要是敢于违反这个方向,他就一定达不到目的,他就自己要碰破头的"①。此后,中国共产党关于新民主主义经济的思想不断发展和完善。新民主主义"五种经济成分论"的完整表述则是在1948年下半年定型的。

1948年9月初,刘少奇在《论新民主主义的经济与合作社》这篇较早具体研究新民主主义经济构成的文章中,提出了新民主主义"三种经济成分论",即把新民主主义经济看成是由国家经济、合作社经济和资本主义经济组成的一个有机经济体系。1948年9月13日,在中央政治局会议上阐述新民主

---

① 《毛泽东选集》第2卷,人民出版社1991年版,第679页。

主义经济建设问题时,刘少奇则又把新民主主义经济重新表述为"六种经济成分论",指出:"整个国民经济,包含着自然经济、小生产经济、资本主义经济、半社会主义经济、国家资本主义经济以及国营的社会主义经济。国民经济的总体就叫做新民主主义经济。"①但关于新民主主义经济构成的问题,毛泽东在会上指出,这"还要考虑"②。1948年9月15日,张闻天在报送中央的《关于东北经济构成及经济建设基本方针的提纲》中,根据东北的经验把东北的经济构成同样表述为"六种经济成分","这就是国营经济、合作社经济、国家资本主义经济、私人资本主义经济、小商品经济、秋林式的社会主义经济"。这里所谓"秋林式的社会主义经济"是指苏联在东北的企业,"这种经济在东北虽有,但并不占如何重要的地位"③。张闻天的报告提纲引起了中央的高度重视。1948年10月—12月,刘少奇两次对报告提纲进行了重要修改。在刘少奇修改过的报告提纲中,东北的经济构成被重新改为"五种经济成分","这就是国营经济、合作社经济、国家资本主义经济、私人资本主义经济、小商品经济"④。与张闻天的原初提纲相比,刘少奇这里主要是删除了"秋林式的社会主义经济"。与刘少奇自己早先的认识相比,则是把自然经济和小生产经济合并为小商品经济,把半社会主义经济具体化为合作社经济,把国营的社会主义经济具体化为国营经济。至此,依托东北经济

---

① 中共中央文献研究室编:《刘少奇年谱(1898—1996)》下卷,中央文献出版社1996年版,第161页。
② 《毛泽东文集》第5卷,人民出版社1996年版,第146页。
③ 《张闻天文集》第4卷,中共党史出版社1995年版,第11、17页。
④ 《张闻天文集》第4卷,中共党史出版社1995年版,第19页。

建设的实践经验,新民主主义"五种经济成分论"的认识就正式形成了。

此后,党的领导人在阐述新民主主义经济问题时,就开始沿用"五种经济成分论"的表述。1949年3月,毛泽东在七届二中全会上描绘新中国的经济蓝图时指出:"国营经济是社会主义性质的,合作社经济是半社会主义性质的,加上私人资本主义,加上个体经济,加上国家和私人合作的国家资本主义经济,这就是人民共和国的几种主要的经济成分,这些就构成新民主主义的经济形态。"①1949年6月,刘少奇在为准备访苏就新中国经济建设方针撰写的党内报告提纲中指出,新中国的经济由国营经济、合作社经济、国家资本主义经济、私人资本主义经济、小商品经济和半自然经济构成。"在无产阶级、共产党领导之下,由上述五种经济成分所构成的国民经济,我们称之为新民主主义经济。"②虽然在个体经济、小商品经济、半自然经济这几个个别概念的提法上还不统一,但它们之间并没有本质的认识差别。

显然,中国共产党关于新民主主义"五种经济成分论"的认识形成于1948年以后。可是,这里就有一个问题。包括新民主主义经济理论在内的整个新民主主义社会论在20世纪40年代初期就开始形成了,并于40年代中期臻于成熟,达到"发展的最高峰"③。其间,由于环境和认识的变化,在40年代末期形成的"五种经济成分论"就很难准确、完整地反映出毛泽东在前一时

---

① 《毛泽东选集》第4卷,人民出版社1991年版,第1433页。
② 《刘少奇选集》上卷,人民出版社1981年版,第427页。
③ 于光远著述、韩钢诠注:《"新民主主义社会论"的历史命运——读史笔记》,长江文艺出版社2005年版,第57页。

期关于新民主主义经济的理论认识。从新民主主义经济内涵构建来看,"五种经济成分论"的概括,忽视了40年代中期毛泽东在构建新民主主义经济理论的过程中关于外资经济的重要论述,而这一重要论述在新民主主义经济思想史上具有重要的价值。

二、20 世纪 40 年代中期毛泽东关于外资经济的重要论述及其意义

20 世纪 40 年代初期,毛泽东在论述新民主主义经济理论时首先强调的是新民主主义的经济方针问题。1940 年 1 月,毛泽东在《新民主主义论》中指出:"中国的经济,一定要走'节制资本'和'平均地权'的路,决不能是'少数人所得而私',决不能让少数资本家少数地主'操纵国民生计',决不能建立欧美式的资本主义社会,也决不能还是旧的半封建社会。"①在这一方针下,关于新民主主义经济的构成,毛泽东这时强调的比较多的是国营经济、合作社经济和私人资本主义经济这三者。但到了 20 世纪 40 年代中期,主要是 1944—1945 年间,毛泽东对于外资经济的论述则明显增多并加重了。

毛泽东对外资经济作用的认识是与他对战后中国社会经济发展的深层考虑密切联系在一起的。20 世纪 40 年代中期,虽然处于抗日战争条件下空前剧烈和复杂的政治斗争中,但毛泽东并没有忽视中国共产党必须实现中国工业化和社会经济发展的长远历史使命。因此,毛泽东反复向全党强调,解决不了中国

---

① 《毛泽东选集》第 2 卷,人民出版社 1991 年版,第 678—679 页。

的经济和文化问题,那"这个共产党就没有多大用处","我们共产党是要努力于中国的工业化的"。① 对于一个落后的农业国家,要实现工业化发展,必须要解决资本匮乏的问题,并建立起适应中国社会经济发展的多种经济成分,毛泽东正是从这一视角下提出了外资经济的问题。1944年7月14日,毛泽东在与英国记者斯坦因的谈话中说:"不管是中国的还是外国的私人资本,在战后的中国都应给予充分发展的机会,因为中国需要发展工业。在中国和外部世界的商业关系方面,我们要以同一切国家进行自由平等贸易的政策,来代替日本把中国沦为殖民地的政策。"②从经济上看,新民主主义革命承担的历史任务是要奠定中国从小农经济向现代工业经济过渡的基础。个体小农经济"是中国古代封建主义和独裁专制的基础。未来的新民主主义社会不可能建立在这样的基础上,中国社会的进步主要依靠工业的发展"③。资本主义经济作为解构传统经济形态的重要力量在中国的历史条件下具有重要的作用,由此毛泽东把外资经济看作推动中国工业化必不可少的经济因素。1944年毛泽东在与谢伟思等人的谈话中指出:"中国必须工业化。在中国,工业化只能通过自由企业和外国资本帮助之下才能做到。"④同年,在同合众社记者福尔曼的谈话中,毛泽东则进一步重申了外资经济对中国发展的重要性,指出:"在一互利的协议之下,我们要准许并且欢迎在我们控制区域中的工商业的外国投资。我

---

① 《毛泽东文集》第3卷,人民出版社1996年版,第108、146页。
② 《毛泽东文集》第3卷,人民出版社1996年版,第186页。
③ 《毛泽东文集》第3卷,人民出版社1996年版,第183页。
④ 笑蜀编:《历史的先声——半个世纪前的庄严承诺》,汕头大学出版社1999年版,第106页。

们自己能够做的,我们自然要做。但有着好多我们不能做的事,我们将欢迎外国人及外国资本流进来,去做那些事。我们是落后的国家,因此,对于外国投资十分需要。"①如果说,上述毛泽东关于外资经济的认识主要是从一些谈话中显露出来的,那么在党的七大上,毛泽东则从战后中国长远发展的战略性高度阐述了外资经济的重要性:"为着发展工业,需要大批资本。从什么地方来呢？不外两方面:主要地依靠中国人民自己积累资本,同时借助于外援。在服从中国法令,有益中国经济的条件之下,外国投资是我们所欢迎。对于中国人民与外国人民都有利的事业,是中国在得到一个巩固的国内和平与国际和平,得到一个彻底的政治改革与土地改革之后,能够蓬蓬勃勃地发展大规模的轻重工业与近代化的农业。在这个基础上,外国投资的容量将是非常广大的。"②毛泽东所指的外资经济具有明确的内涵,主要是以英美为主的西方资本主义工业化国家对战后中国的资本投资,这种外资经济与近代以来在西方国家的炮舰逼迫下形成的外资经济在本质上是不同的,它确立在尊重中国国家主权和平等互利的基本政治原则之上。"我们希望外国及外国朋友以民主态度对待我们,我们也应该以民主态度对待外国及外国朋友。"③推动外资经济的发展,是为了推动战后中国经济的恢复和工业化建设,而不是加深中国经济的畸形化和使中国经济依附于西方资本主义经济。此外,毛泽东所论述的外资经济与反

---

① 笑蜀编:《历史的先声——半个世纪前的庄严承诺》,汕头大学出版社1999年版,第285页。
②《胡乔木回忆毛泽东》,人民出版社1994年版,第377页。
③《毛泽东文集》第3卷,人民出版社1996年版,第170页。

对帝国主义之间是相互统一的。强调外资经济在战后中国经济发展中的重要地位并不是忽略了反对帝国主义的历史任务，但反对帝国主义并不是要使中国重新返回到封闭的独立状态之中，因此毛泽东清醒地指出："我们不是也不能是闭关主义者，中国早已不能闭关。"①这样，毛泽东所论述的外资经济作为一种新式、新型的经济成分充分展现出了毛泽东深邃的世界历史眼界和新民主主义经济理论开阔的发展思路。

毛泽东关于外资经济问题的阐述主要是在与中外记者参观团和美军驻延安军事观察组成员谈话的基础上体现出来的。谢伟思在后来的回忆中说，当时毛泽东"详尽地向我解释了中共的政策，解释了他的关于新民主主义的观点，并展望了战后形势的发展"②。毛泽东对外资经济的认识主要是在对外界解释新民主主义理论的过程中形成的，从这个意义上说，毛泽东关于外资经济的论述大大扩展了《新民主主义论》中关于新民主主义经济的外延。其实，在1936年与斯诺的谈话中毛泽东就指出，"苏维埃政府欢迎外国资本的投资"，"只有在中国取得真正的独立和民主之后，才有可能把大量外资用于大规模地发展生产事业。也只有自由的中国，由于生产性经济的广泛发展，才能够偿还这种外国投资的本金和利息"③。但40年代中期毛泽东对外资经济的论述并不是简单地对过去这一思想的重复。由于新民主主义社会的理论框架基本形成，毛泽东把对外资经济的认

---

① 中央档案馆编：《中共中央文件选集》第11册，中共中央党校出版社1991年版，第635页。

② 李向前：《一位美国友人的真知灼见——访原美军赴延安观察组成员谢伟思先生》，载《中共党史研究》1996年第1期。

③《毛泽东自述》，人民出版社1996年版，第126页。

识提升到过去相似论述所无法比拟的思想高度。关于40年代毛泽东对外资经济的论述,有两点必须强调:第一,毛泽东这时关于外资经济的论述与人们现在所说的"利用外资"是不同的。对新民主主义社会而言,资本主义经济的存在不是外在的,而是内在的,否则就不是新民主主义经济,而是当时条件下认为的社会主义经济了。可以说在社会主义制度下去利用外资(主要指西方资本主义国家的投资),但说在新民主主义制度下去利用外资,这本身就是逻辑上的矛盾,因为只有外在的事物才能被利用。作为资本主义经济的一种具体形态,外资经济的存在完全符合新民主主义内在的制度逻辑。第二,毛泽东这时对外资经济的认识绝不是一时兴起的政治实用主义。如果说毛泽东对外资经济作用的认识仅仅是出于当时政治上的需要,那么,紧接着的一个问题就是,毛泽东对于国内私人资本主义经济作用的认识是否也是出于政治上的需要?因为外资经济和国内私人资本主义经济在经济性质上是一样的。这样的推论无疑等于把毛泽东在新民主主义理论框架下对资本主义经济作用的高度认识降低到了一种策略的层次。事实上,即便是美国后来转向扶蒋反共后,中国共产党并没有随之就放弃了争取美国资本和建立与美国的经济合作的努力。1946年,美国合众社记者爱德华·罗尔波在考察了晋察冀解放区后在美国媒体上所写的一份报道中说:"张家口政府和晋察冀解放区不仅欢迎美国实业家,也欢迎美国技术专家。与外界流行的看法相反,共产党希望美国进口商与他们当地建立商业联系。"①这表明毛泽东关于外资经济认识的稳定性。

在毛泽东不断提升对外资经济重要作用的认识的同时,这一认识也开始向党关于战后中国发展的一般政策转化。1944年8月18日,中共中央在《关于外交工作的指示》中指出:党对英美,特别是美国的基本态度是,首先应该争取"对敌作战方面的合作和援助","有了军事合作的基础,随后文化合作,随后政治与经济合作就有可能实现","在经济方面,在双方有利原则下,我们欢迎国际投资与技术合作,我们首先要求国际工业合作委员会的继续合作"。②1945年9月2日,《中央关于新解放城市工作的指示》指出:"英美投资的重要企业(例如开平煤矿)则不应破坏,我所需要之器械应与其洽商或买或捐不加强迫。"③1945年9月27日,重庆谈判期间,毛泽东在回答路透社记者甘贝尔提出的中共关于战后中国的建设方针这一问题时说:"中共将向政府提议,实行一个经济及文化建设纲领。这个纲领的目的,主要是减轻人民负担,改善人民生活,实行土地改革与工业化,奖励私人企业,在平等互利的原则下欢迎外人投资与发展国际贸易,推广群众教育,消灭文盲等等。"④1946年1月16日,中国共产党代表团在政治协商会议上提出的《和平建国纲领草

---

① 葛兰恒等:《解放区见闻》,麦少楣、叶至美译,新华出版社1993年版,第137页。

② 中央档案馆编:《中共中央文件选集》第14册,中共中央党校出版社1992年版,第315、317页。

③ 中央档案馆编:《中共中央文件选集》第15册,中共中央党校出版社1991年版,第264页。

④《毛泽东文集》第4卷,人民出版社1996年版,第27页。

案》中主张应"在不妨碍民族独立的条件下,极力发展中外经济与文化合作"①。显然,建立包括外资经济在内的多种所有制经济成分组成的新民主主义经济制度成为毛泽东和中国共产党关于战后中国经济发展的明确蓝图规划。

外资经济本身虽然是一个具体问题,但在这一问题背后却体现着大思路和大视角,在新民主主义经济的整个理论构成中具有特殊重要的地位。首先,外资经济非常鲜明地体现出新民主主义经济形态的特殊性质。如果说,新民主主义革命是"基本上不破坏私有财产制度的资产阶级性质的民主革命",那么,新民主主义社会在经济形态的一般性质上也只能是"资本主义的",而"不是社会主义"。② 与国内的私人资本主义经济相比,外资经济由于代表着外部的资本主义世界对中国社会经济发展的参与,因此,作为战后中国社会发展的一种经济成分,外资经济不仅完全符合,而且在一定程度上更能突显出新民主主义经济的特殊历史逻辑。其次,外资经济表明,新民主主义经济不是封闭的,而是开放的;不是被迫开放的,而是积极开放的。因此,毛泽东在谈论战后中国与美国的关系时曾乐观地指出:"美国不必担心我们不合作。我们应该合作。"③这切实说明,新民主主义社会条件下的中国经济将通过外资经济的联结与世界经济的发展密切地连在一起。

当然,毛泽东所论述的外资经济的重要性与世界范围内资

---

① 中央档案馆编:《中共中央文件选集》第16册,中共中央党校出版社1992年版,第45—46页。
②《毛泽东文集》第3卷,人民出版社1996年版,第59、110页。
③ 笑蜀编:《历史的先声——半个世纪前的庄严承诺》,汕头大学出版社1999年版,第107页。

本主义的下降趋势是两个完全不同的问题。"我们提倡的是新民主主义的资本主义,这种资本主义有它的生命力,还有革命性。"①正是毛泽东这种宏大宽广的理论视角使得外资经济在新民主主义经济体系中成为一个重要的理论实在。所谓"理论实在",就是说外资经济在理论上是新民主主义经济构成中一个实实在在的组成部分,至于这种"理论实在"能否转变为客观实践或"历史实在",这完全要取决于具体的历史条件。

三、新中国成立前后毛泽东不再重提外资经济的历史原因

从实践来看,当时处于封锁和战争环境下的解放区经济中几乎不存在外资经济。解放战争开始后,随着解放区的扩大,相继占领了一些重要的城市,外资经济的问题才被实际地提了出来。面对这一实际问题,毛泽东和中国共产党最初沿用了 20 世纪 40 年代中期的认识,试图在保护外资经济的基础上把外资经济建立在新的政治关系基础上。1948 年 2 月 7 日《中央关于对待在华外国人的政策的指示》指出,对于外国侨民所办的经济、文化和宗教等机关"不论其是否属于帝国主义性质,一般地还不采取排除或没收的政策","凡遇有外人投资设立并主持之私营工厂,矿山或其他企业,我军到后,暂不加以没收,亦不许加以破坏,并可与之商定继续营业的临时合同,规定在服从民主政府法令与在一定的劳动条件之下继续营业","不论公营,私营工

---

① 《毛泽东文集》第 3 卷,人民出版社 1996 年版,第 384 页。

商业中之外人股份,一律承认其股权有效"。① 但到了 1948 年下半年,面临建国的历史重任,毛泽东在把新民主主义经济理论具体化为新中国经济政策的过程中不再重提外资经济。新民主主义"五种经济成分论"的形成标志着作为"理论实在"的外资经济没能转变为新中国的具体"历史实在",这背后有着许多深刻的原因。

第一,从毛泽东集中论述外资经济的时间段——1944—1945 年的世界背景来看,由于欧洲第二战场的开辟,美苏的战时同盟关系处于最紧密的时期,这对于毛泽东提出外资经济的问题并深入阐述"新民主主义的资本主义"发展思路提供了一个相对宽松的意识形态环境。但"二战"结束后,美苏的战时同盟关系逐渐解体,取而代之的是美苏之间的冷战,冷战时代的形成对进一步认识和实践新民主主义经济中的外资经济构成了严重的意识形态压力,甚至是对整个新民主主义社会理论带来了严重的意识形态压力。只要世界范围内的资本主义和社会主义处于一种直接对立的关系之中,那么,对于新民主主义经济体系来说,首先要受到影响的就是其中与西方资本主义联系最明显的外资经济。

第二,抗战结束初期,国共两党围绕着联合政府的谈判破裂后,战时的国共合作关系解体,取而代之的是国共新的军事冲突。在中国人民继续推进新民主主义革命的过程中,以美国为首的西方资本主义国家对中国共产党领导的革命人民力量采取

---

① 中央档案馆编:《中共中央文件选集》第 17 册,中共中央党校出版社 1992 年版,第 35、36 页。

了敌视的政治态度,并对新中国进行封锁、遏制。在1950年朝鲜战争中,中国和以美国为首的西方资本主义国家则进入了直接的军事冲突和政治对峙之中。在中国与外部资本主义世界的关系持续恶化的过程中,积极吸引外国投资,建立推动中国社会经济发展的外资经济根本是不可能的。"中国不但不可能从资本主义大国得到什么援助,而且连普通的贸易和交往都很困难。中国人因此只能从自己受侵略受歧视的记忆中和受敌视受威胁的感受中认识资本主义。"[①]由于中国人对资本主义的政治心理开始发生了重要的变化,因此把外资经济仍然看作新民主主义经济的重要组成部分,已经超出了当时的政治和理论限度。

第三,毛泽东对新民主主义经济的认识本身发生了重要的变化。新民主主义经济理论形成后,它并不是不变的,随着实践的发展,人们对这一理论的认识也在发生着变化,其中最为明显的就是毛泽东对国营经济和资本主义经济在新民主主义经济体系中的地位认识上的变化。在新民主主义经济中,国营经济是领导力量,但在40年代中期,毛泽东并不认为国营经济可以成为战后中国工业化的主体经济成分,因此他更多的是肯定资本主义经济"广大发展"的重要性和必要性。但在历史环境的变化中,毛泽东对在没收官僚资本的基础上形成的国营经济在中国工业化进程中作用的认识明显开始提高。在1948年9月中央政治局会议上,毛泽东指出,过去提到新民主主义中的社会主义因素,"只讲了政治条件,没有讲没收官僚资本",这是因为"写《新民主主义论》时,民族资本和官僚资本的区别在我们脑

---

① 《胡乔木文集》第2卷,人民出版社1993年版,第258页。

子里尚不明晰"。而从现在的条件来看,新民主主义社会中的社会主义因素,不仅有政治因素,还有经济因素,即国营经济,"现在不提国营经济就不能解决问题了"①。对国营经济的作用认识的提升,促使毛泽东重新看待过去一直沿用的关于新民主主义经济性质的表述。"我们的社会经济呢?有人说是'新资本主义'。我看这个名词是不妥当的,因为它没有说明在我们社会经济中起决定作用的东西是国营经济、公营经济。"②如果说对国营经济作用的认识在提升,那么,相应地对资本主义经济作用的认识则必然要趋于下降。在冷战的时代环境和西方国家封锁新中国的条件下,外资经济既然是不可能建立的,那么它所留下的新民主主义经济体系的体制空间将被国营经济的力量所弥补。因此,外资经济的缺失也就不会威胁到新中国国民经济的恢复、稳定和发展。

第四,与对新民主主义经济的认识变化连在一起的,是毛泽东对中国向社会主义过渡问题的认识发生了重大的变化。向社会主义的过渡自始就是新民主主义理论中一个明确的问题,但由于历史条件的制约,40年代的毛泽东和中国共产党还没有足够的理论能力把一般意义上的社会主义与苏联模式意义上的社会主义区别开来。因此,新民主主义理论中的过渡问题,实质上就是向苏联社会主义模式的过渡。关于这一点,毛泽东在新民主主义理论形成初期就明确地指出:"新民主主义是暂时的,过

---

① 《毛泽东文集》第 5 卷,人民出版社 1996 年版,第 140 页。
② 《毛泽东文集》第 5 卷,人民出版社 1996 年版,第 139 页。

渡的,是一个楼梯,将来还要上楼,和苏联一样。"①尽管苏联社会主义模式对中国共产党有强烈的历史吸引力,但毛泽东并不认为中国可以很快"上楼"到苏联社会主义模式。相反,他认为中国到达社会主义和共产主义阶段,比起"经济高度发达的西方国家","很可能要晚相当长的时间"②。这样,一方面提出了过渡的问题,另一方面又把过渡放置到了一个比较长远的历史视野中,这实际上就等于把过渡问题搁置了起来。可是,到了40年代后期,当中国革命胜利在即、新中国的建立提到了历史日程上来,对向社会主义的过渡问题的认识就必须具体起来,为此必须要在理论上解决的核心问题就是关于新民主主义社会的基本矛盾问题。1948年9月中央政治局会议上,毛泽东充分肯定了刘少奇在会议的发言中提出的关于资本主义和社会主义的矛盾是新民主主义经济中的主要矛盾这一观点,指出:"现在点明一句话,资产阶级民主革命完成之后,中国内部的主要矛盾就是无产阶级和资产阶级之间的矛盾,外部就是同帝国主义的矛盾。"③1949年3月七届二中全会上,毛泽东进一步重申和强调了关于新民主主义社会两种基本矛盾的观点。新民主主义社会的基本矛盾理论的提出标志着毛泽东开始参照列宁关于过渡时期的理论向苏联社会主义模式进行靠拢,但"党内的同志明白当资产阶级和无产阶级的矛盾在我国上升为主要矛盾和基本矛盾时,党在《新民主主义论》和《论联合政府》中规定的政策路线

---

① 中共中央文献研究室编:《毛泽东年谱(1893—1949)》中卷,人民出版社、中央文献出版社1993年版,第173页。
② 《毛泽东文集》第3卷,人民出版社1996年版,第183页。
③ 《毛泽东文集》第5卷,人民出版社1996年版,第145—146页。

就会改变"①。这既是对过去笼统的过渡问题的具体化,同时也是对过去关于过渡设想的重大改变。在新民主主义基本矛盾面前,外资经济则是"一身而二任焉",既属于与资本主义相矛盾的范畴,又属于与帝国主义相矛盾的范畴,处于两种基本矛盾的交叉点上。因而,随着毛泽东在新民主主义社会基本矛盾的基础上对中国向社会主义过渡问题的认识逐步明朗化,在理论上和实践上降低外资经济的重要性,缩小包括外资经济在内的整个资本主义经济的发展空间就是很自然的了。

第五,毛泽东对中国工业化道路的认识开始发生了重大的变化,这也是更具有实质性的变化。新民主主义经济的理论构建维系在一个非常重要的历史因素上,即以农业和轻工业为重心的中国工业化发展道路。1945年3月13日,毛泽东在与谢伟思的谈话中指出:"中国战后最急需的是发展经济。中国必须建立起轻工业以供应市场,提高人民的生活水平。像中国这样大而又落后的国家,在未来的长时间里,必然是农业占优势。农民问题是中国未来的基本问题。除非在解决农业问题的基础上,中国工业化不可能取得成功。"②关于中国工业化道路的这一设计既是外资经济问题能够提出来的前提,也是新民主主义经济理论中蕴含了各种经济成分相互作用形成的市场化经济关系的前提。但随着新中国的建立,中国工业化任务的迫近,使得通过暴力革命获得国家政权的中国共产党必须重新考虑从农

---

① 于光远著述、韩钢诠注:《"新民主主义社会论"的历史命运——读史笔记》,长江文艺出版社2005年版,第99—100页。
② 中共中央文献研究室编:《毛泽东年谱(1893—1949)》中卷,人民出版社、中央文献出版社1993年版,第584页。

业、轻工业到重工业的工业化道路能否走得通。当维护新中国的国家安全和建立独立的工业经济体系的任务迫切地提出来后,毛泽东关于中国工业化发展思路的重心开始从农业和轻工业向重工业倾斜,由此抬升了在单一国有制经济基础上优先发展重工业的苏联工业化道路对中国工业化道路的参照作用。1949年2月初,毛泽东在同米高扬的谈话中说:"国家建设这个课题对我们来说是生疏的,但是可以学会的。有苏联走过的道路,可资借鉴。中国革命成功后的生产建设工作的进展可能会快些,因为中国的处境要比1917至1918年的苏联好些,敌人是无法围困我们的。"①对苏联工业化道路的参照,意味着毛泽东逐渐放弃了在多种所有制经济基础上以农业和轻工业为重心的工业化发展思路。当国家垄断经济资源并有意识地以重工业为重心来推动中国工业化的发展思路逐步上升时,外资经济作为一种特定的资本主义经济成分所代表的自发的经济力量必须让位于国营经济所代表的自觉的经济力量。因此,新中国成立前后在毛泽东放弃重提外资经济并对国内私人资本主义经济采取"限而不死"②的背后,实质上是对中国工业化发展道路的重新审视和重新设计。

当然,这一时期人们还间或提到外资经济的问题,比如刘少奇在《论新民主主义的经济与合作社》中与私人资本主义经济一起提到的还有"其他被允许设立的外国私人经济机关"。毛泽东在七届二中全会的讲话中也指出:"关于同外国人做生意,

---

① 师哲回忆、李海文整理:《在历史巨人身边——师哲回忆录》,中央文献出版社1991年版,第377—378页。

② 杨尚昆:《杨尚昆回忆录》,中央文献出版社2001年版,第280页。

那是没有问题的。"①但由于上述原因,新中国成立前后毛泽东基本上没有再像过去那样阐述外资经济的重要性,1949年6月的《论人民民主专政》体现出毛泽东在外资经济问题上认识的新变化。关于争取英美等西方国家对新中国的经济投资和经济援助,毛泽东认为这只"是幼稚的想法","我们同这些国家做生意以及假设这些国家在将来愿意在互利的条件之下借钱给我们,这是因为什么呢？这是因为这些国家的资本家要赚钱,银行家要赚利息,借以解救他们自己的危机,并不是什么对中国人的援助"②。在这种情况下,再把外资经济作为新民主主义经济体系中的一部分,在当时条件下显然已经是不合时宜了。不过,后来的历史变化是一回事,原本的理论设想是一回事,不能因为后来历史条件变化了,有些已经形成的正确认识无法实行,就说原来的理论中没有这些认识,抑或认为这些不正确,这都不是实事求是的。因此,我们在进一步学习和研究新民主主义经济理论时,应该把外资经济看作新民主主义经济理论的重要组成部分。20世纪40年代中期毛泽东关于外资经济的论述展现出了中国马克思主义者开阔的理论视野,这成为后来中国对外开放的重要理论资源,也展现出了毛泽东新民主主义思想的强大历史力量,并凸显出了毛泽东新民主主义思想的建构对近代中国特定历史条件和历史任务的适应性。

---

① 《毛泽东选集》第4卷,人民出版社1991年版,第1435页。
② 《毛泽东选集》第4卷,人民出版社1991年版,第1474页。

第三章

1946—1947年中国共产党对"和平土改"的尝试及其放弃

土地问题是近代中国革命和社会发展的核心问题,也是毛泽东新民主主义思想在回答近代以来中国社会发展道路时所面对的核心问题。正如毛泽东在党的七大上所指出的,"为着消灭日本侵略者和建设新中国,必须实行土地制度的改革,解放农民"①。作为近代以来中国革命和社会发展的核心问题,土地问题包含了两个方面的基本问题,一是要不要在根本上满足农民对土地的要求,二是用一种什么样的方式来满足农民的土地要求。对于第一个问题,中国共产党自从成立以来始终坚持"耕者有其田"的政治经济主张;但对于第二个问题,与近代以来中国其他政党不同,"在中国条件下,只有我们共产党人把这项主

---

① 《毛泽东选集》第 3 卷,人民出版社 1991 年版,第 1074 页。

张看得特别认真,不但口讲,而且实做"①。因此,中国共产党在不同的历史条件下尝试过不同的方式。在1946年5月到1947年4月将近一年的时间里,中国共产党提出了以土地征购为核心的关于和平土改的构想,并在陕甘宁边区对之进行了实践尝试,这也是新民主主义经济思想的生动的社会实践。尽管后来这一构想与尝试被暴力剥夺地主土地的土改方案所取代,但它表明在中国共产党历史上客观存在过另外一条解决土地问题的具有新民主主义性质的整体性思路②。同时,系统研究中国共产党关于和平土改的构想和尝试,对于深入认识抗战结束后中国土地问题的复杂性以及中国共产党对新民主主义经济和社会发展思想的实践探索是非常重要的。

一、"和平土改"构想的提出与政策框架的确定

"耕者有其田"一直是中国共产党坚持的解决土地问题的方略和政策,但在不同的革命阶段上,中国共产党的具体土地政策又是不同的。抗战时期,为了调动全民族的抗战,中国共产党的

---

① 《毛泽东选集》第3卷,人民出版社1991年版,第1075页。
② 关于这一问题,大多数论著认为这只是一种局部性的设想和策略,在研究中并没有给予足够的重视。对这一问题做出比较系统研究的是黄正林和杨奎松。黄正林在《陕甘宁边区乡村的经济与社会》(人民出版社2006年版)中围绕着《陕甘宁边区征购地主土地条例草案》对陕甘宁边区政府征购地主土地的活动做了系统的历史考察,但并没有把这上升到中共解决中国土地问题新思路的高度来认识。杨奎松在《关于战后中共和平土改的尝试与可能问题》(载《南京大学学报》2007年第5期)中认为,土地征购反映的是中共关于解决中国土地问题的新思路,"并非是一种用于掩盖其暴力土地政策的虚晃一枪的对外宣传手段,相反,它确曾是中共中央'五四指示'后其土地改革政策演变过程中的一个有机组成部分"。但在关于和平土改方案的确立、陕甘宁边区征购土地的经验与和平土改放弃的原因等问题上,仍然有许多值得进一步研究的地方。

土地政策由没收地主土地转变为减租减息。抗战结束前夕,毛泽东在七大上讲到减租减息政策在战后的延续性时说:"这个政策,如果没有特殊阻碍,我们准备在战后继续实行下去,首先在全国范围内实现减租减息,然后采取适当方法,有步骤地达到'耕者有其田'。"①抗战结束初期,中国共产党基本上沿用的是抗战期间减租减息的土地政策。1945 年 8 月 11 日,《中央关于日本投降后我党任务的决定》指出:"富农除封建剥削部分实行减租外,不应加以打击,地主须使之可以过活。没收分配土地是过早的。"②1945 年 10 月 19 日,周恩来在重庆关于经济问题的讲演中指出:"谈到农村改革,许多人或者怀疑我们要主张没收土地。这种不得已的办法不适宜目前中国。当此和平开始时期,我们主张先实行减租减息,使地主与农民双方都能够生存。在地主能够生存的条件下,然后,一方面慢慢导引地主转移目光,使其知道以从事于小工业为荣,一方面再从事于改革土地问题。从解放区得到的证明,这条路可以走得通的。""耕者有其田"只是"我们的理想"。③1946 年 1 月 16 日,中共代表团在政治协商会议上的提案《和平建国纲领草案》提出了"实行农业改革,扶助农民组织,推行全国减租,适当的保证佃权并保证交租"④的农业改革主张。从实践中对减租减息政策的执行来看,由于在抗战后期对日反攻阶段收复了

---

① 《毛泽东选集》第 3 卷,人民出版社 1991 年版,第 1076 页。
② 中央档案馆编:《中共中央文件选集》第 15 册,中共中央党校出版社 1991 年版,第 230 页。
③ 南方局党史资料编辑小组编:《南方局党史资料》(三),重庆出版社 1990 年版,第 164 页。
④ 中央档案馆编:《中共中央文件选集》第 16 册,中共中央党校出版社 1992 年版,第 44 页。

大量失地,中共领导下的解放区迅速扩大,因此新解放区土地政策的重心主要是反奸清算,在此基础上进行减租减息,而老解放区的重心则是查租减息,进一步调整地主和农民之间的租佃关系。但无论新老解放区,农民对土地的实际占有很快就自发超出了减租减息的政策框架,地主和富农的土地占有量不断减少。据晋冀鲁豫太行新区3个县11个村的调查,1946年5月之前,地主和经营地主所占土地的数量已经从人均10.1亩分别下降到了1.78亩和3.32亩,低于全村平均水平3.54亩。老解放区在进一步减租减息和查租查息过程中,地主的土地占有量也不断减少。比如,晋察冀解放区在1946年5月前,地主的土地数量一般已减少一半以上,富农的土地数量减少了四分之一以上。在晋冀鲁豫解放区的冀鲁南、冀南地区,甚至实现了"平均土地",包括地主在内的所有人都得到了3亩土地①。面对这种情况,中央反复指示各地:"清算减租已经实现之时,党便应当劝告群众,对地主阶级由打的政策改变为拉的政策。例如让逃亡地主还乡,给地主以生活上的出路。"②但同时,中央也意识到农民已经开始自发地推动土地所有权的变革,这事实上把改变减租减息,重新制定新的土地政策问题客观地提了出来。

1946年3月31日,毛泽东致信胡乔木:"请你清出一九四二年中央关于土地政策的决定加以审查,看其中是否已有现时已不适用之处,列举告我为盼。"③5月4日,刘少奇主持召开了中共中

---

① 董志凯:《解放战争时期的土地改革》,北京大学出版社1987年版,第41—51页。

② 中央档案馆编:《中共中央文件选集》第16册,中共中央党校出版社1992年版,第116页。

③ 中共中央文献研究室编:《毛泽东年谱(1893—1949)》下卷,人民出版社、中央文献出版社1993年版,第64页。

央会议,讨论关于土地问题的指示。毛泽东在发言中指出:"现在类似大革命时期,农民伸出手来要土地,共产党是否批准,今天必须表明态度。"①刘少奇在发言中说:"土地问题今天实际上是群众在解决","今天不支持农民,就要泼冷水,要就重复大革命失败的错误,而农民也未必'就范'。失去农民又仍然得罪了地主,对我们将极不利"。② 这次会议经过讨论原则上通过了《中共中央关于土地问题的指示》,即著名的"五四指示"。

关于要不要满足农民对土地的要求问题,"五四指示"充分肯定了抗战结束以来农民要求获得土地的愿望,指出:"我党应坚决拥护群众从反奸、清算、减租、减息、退息等斗争中,从地主手中获得土地,实现耕者有其田。"关于用一种什么样的方式来满足农民的土地要求问题,"五四指示"在强调"决不侵犯中农土地"、"一般不变动富农的土地"和"对于中小地主的生活应给以相当照顾"的阶级政策的基础上,列举和肯定了农民在实践中创造的四种获取土地的方式:"(甲)没收分配大汉奸土地。(乙)减租之后,地主自愿出卖土地,而佃农则以优先权买得此种土地。(丙)由于在减租后保障了农民的佃权,地主乃自愿给农民七成或八成土地,求得抽回二成或三成土地自耕。(丁)在清算租息、清算霸占、清算负担及其他无理剥削中,地主出卖土地给农民来清偿负欠。农民用以上各种方式取得土地,且大多数取得地主书写的土地契约,这样就基本上解决了农村土地问

---

① 中共中央文献研究室编:《毛泽东年谱(1893—1949)》下卷,人民出版社、中央文献出版社 1993 年版,第 78 页。

② 中共中央文献研究室编:《刘少奇年谱(1898—1969)》下卷,中央文献出版社 1996 年版,第 42 页。

题,而和内战时期在解决土地问题时所采用的方式大不相同。"①从"五四指示"所列举的关于解决土地问题的方式来看,虽然中共中央提出了"实现耕者有其田"的目标,但并不主张走土地革命时期暴力没收地主土地的土改道路,没收的范围主要定位在大地主、汉奸、豪绅和恶霸占有的土地。整体上看,"五四指示"具有两个特点:一是顺应了农民的土地要求,鲜明地打出了"耕者有其田"的旗帜,这是与"减租减息"根本上的不同;二是为了避免土地所有权变革中的社会动荡,试图在过去减租减息使"解放区的地主与农民联合起来反对日本侵略者"②的基础上用比较温和的方式完成土地所有权的变革,这则是与"减租减息"的连续性。这两个特点决定了对地主进行和平赎买成为中共土地政策必然的演变方向。

"五四指示"颁布后,通过和平、合法的方式解决土地问题,实现"耕者有其田"的思路在党内高层不断提升和明确化。1946年5月5日,毛泽东致信刘少奇,指出在对"五四指示"的宣传中"不要谈土地革命"③。5月6日,中央在关于解决东北、热河等地的土地问题的指示中指出:"除坚决实行没收分配开拓地、满拓地及其它敌人所经营的公私土地与大汉奸土地外,必须根据中央指示和当地情况,运用反奸清算减租减息等各种形式及当地广大群众所创造的各种形式,使地主阶级的土地转移

---

① 中央档案馆编:《解放战争时期土地改革文件选辑》,中共中央党校出版社1981年版,第2—4页。
② 毛泽东:《论联合政府》,载《解放日报》1945年5月2日。
③ 中共中央文献研究室编:《刘少奇年谱(1898—1969)》下卷,中央文献出版社1996年版,第42页。

到农民手中,普遍的来解决土地问题。"①5月19日,《中共中央情报部关于解决土地问题的方式给东北局的指示》高度肯定了太行、山东、华中地区运用各种清算方式"使地主的土地在偿还债务、交纳罚款、退还霸占、赔偿损失等合法名义下,转移到农民手里和折算或出卖到农民手里"②的经验。1946年7月,毛泽东在一份党内指示中也强调,在解决土地问题时,"对待汉奸、豪绅、恶霸要放严些,对待富农、中小地主要放宽些。在一切土地问题已经解决的地方,除少数反动分子外,应对整个地主阶级改取缓和态度"③。"五四指示"以及中共中央对运用合法手段解决土地问题的强调为和平土改方案的形成提供了政策和政治基石。

1946年6月27日,毛泽东在代表中共中央给周恩来、叶剑英的电报中第一次在党内明确提出了通过发行土地公债来进行和平土改的思想:"中央正考虑由各解放区发行土地公债发给地主,有代价地征收土地分配给农民。其已经分配者,补发公债,如此可使地主不受过大损失。惟汉奸、土豪劣绅、贪官污吏、特务分子不在此例。"④根据毛泽东的构想,中共中央很快形成了关于和平土改的方案。7月19日,中共中央颁布了《关于要求各地答复制定土地政策中的几个重要问题的指示》,同一天

---

① 中央档案馆编:《中共中央文件选集》第16册,中共中央党校出版社1992年版,第155页。
② 中央档案馆编:《解放战争时期土地改革文件选辑》,中共中央党校出版社1981年版,第13页。
③《毛泽东选集》第4卷,人民出版社1991年版,第1188页。
④ 中共中央文献研究室编:《毛泽东年谱(1893—1949)》下卷,人民出版社、中央文献出版社1993年版,第99页。

又发布了《关于向民盟人士说明我党土地政策给周恩来、董必武的指示》。与此同时,下发了《中共中央为实现耕者有其田向各解放区政府的提议》。从上述三个土地政策文件的主要内容看,中共中央关于和平土改方案的主要基点包括:第一,和平土改的目的。和平土改的目的主要是"缓和地主逃亡,分化地主内部,并减少民族资产阶级分子和中间人士的动摇怀疑,以巩固反对内战独裁、争取和平民主的统一战线,使土地问题得到顺利的解决"。第二,指导思想。和平土改的指导思想主要是依据孙中山"关于耕者有其田的主张"和"照价收购的精神"形成的。第三,土地征购的对象和范围。征购的对象主要是地主,中农和富农的土地免于征购。征购的范围主要是地主多余的土地。地主可以保留一定数额的土地免于征购,超过一定数额的土地由政府以半价或半价以下的递减价格征购。地主可保留的土地由当地土地的多寡而定,一般情况下,地主可保留的土地为当地中农人均土地的两倍。另外,凡是在抗战时期协助过抗日军队和抗日民主政权的地主,其保留的土地可多于一般地主。除了土地之外,地主多余的农具、耕牛、房屋也在政府征购之列。第四,征购办法。主要由政府发行土地公债来交付地主的地价,土地公债基金由两种方式来解决,或者是全部由政府承担,或者由获得土地的农民在10—20年的时间里交付一部分地价,其余的部分由政府承担。第五,法律保护。征购之后,地主保留的土地及其财权和人权受法律的保护,不得侵犯。政府奖励、协助地主投资工商业。

至此,中共中央以毛泽东新民主主义思想为指导,以土地征购为核心环节形成了关于和平土改的完整政策框架,使中国共产党解决土地问题的主张、方略和政策在战后新的条件下实现了新的统一，也把新民主主义经济思想和社会发展主张的实践提高到一个新高度。

二、陕甘宁边区对土地征购的实践尝试及其经验总结

中共中央关于征购地主土地的提议发布后，各解放区形成了完全不同的两种意见。新解放区倾向于暂缓发布正式方案，以免影响当地群众的反奸清算运动。1946年8月20日，张闻天在给中共中央东北局并中共中央的电报中指出，由政府以法令征购地主剩余土地的办法"在北满一带新地区还是不适合的"①。晋冀鲁豫地区也认为，"颁布法令发行土地公债征购土地办法，在我区似不迫切需要，因我区土地问题是采取直接的，平均分配的办法解决"②。老解放区则倾向于尽快公布正式的征购方案，以解决老区内抗日地主、抗属地主的土地问题。山东地区积极响应中央关于发行公债征购土地的方案。1946年9月，张云逸、黎玉专门就山东地区实行土地征购问题电请中央，同时对征购问题做出了具体的安排。③ 在这种情况下，中央采取了非常慎重的态度，决定暂时不发布正式方案，强调土地征购方案对各解放区的土地改革只做参考和提议，不急于向各解放区推行，但中央仍然继续坚持和平土改的构想。1946年11月21日，毛泽东在同周恩来、刘少奇的谈话中说："在土地问题上

---

① 《张闻天选集》，人民出版社1985年版，第356页。
② 中央档案馆编：《解放战争时期土地改革文件选辑》，中共中央党校出版社1981年版，第54页。
③ 王友明：《解放区土地改革研究：1941—1948——以山东莒南县为个案》，上海社会科学院出版社2006年版，第176页。

也并不妨碍我们团结地主,抗战时期减租减息也得罪了地主但仍可以团结,现在在土地改革完成后,在明年,也可以对地主大拉一把,照顾他们的生活,学(对)延安附近的地主一样,让他们一样可以生产,富足起来。"①1947年1月10日,刘少奇起草了关于解放区土地改革情况及征询的几个问题致各地电,要求各地答复"是否由各解放区政府各自颁布法令,发行土地公债,征购一切地主多余的土地,无代价分给农民,以便采用一般合法方式最后取消地主这一阶级?颁布土地公债法令之时期,是否已到?"②等问题。与此同时,中央选择了陕甘宁边区的一些地方作为试点,在中央西北局的具体领导下对和平土改进行实践尝试。

1946年9月底,边区政府副主席李鼎铭在边区政府委员会上提议试行土地公债。10月29日,边区政府主席林伯渠在边区政府三届二次会议上的工作报告中指出:"在土地未分地区,为了迅速适当满足无地或少地农民的土地要求,应普遍进行查租和贯彻减租保佃,并试行土地公债,征购地主超额土地,在现耕基础上调剂给无地和少地农民,以达到耕者有其田。"③此后,经过一个半月的时间,到12月13日,边区政府公布了《陕甘宁边区征购地主土地条例草案》,条例草案指出:"在未经土地改革区域,发行土地公债,征购地主超过应留数量之土地,分配给无地或少地之农民,以达到耕者有其田之目的。"关于征购的具

---

① 顾龙生编著:《毛泽东经济年谱》,中共中央党校出版社1993年版,第214页。
② 中央档案馆编:《中共中央文件选集》第16册,中共中央党校出版社1992年版,第727页。
③ 陕西省档案馆、陕西省社会科学院编:《陕甘宁边区政府文件选编》第10辑,档案出版社1991年版,第280页。

体政策,主要包括:第一,征购范围。一般地主的家庭人均地数超过当地中农人均地数50%以上的土地,在抗战和自卫战争中有功地主的家庭人均地数超过当地中农人均地数一倍上的土地均为征购对象。不能把地主与富农混淆,富农土地不得征购。第二,地价的设定。地价由当地的乡政府、乡农会和地主三方具体确定,但地价最高不能超过该地平年两年收获量的总和,最低不能低于该地平年一年的收获量。征购土地的地价超额递减。第三,土地的承购。政府征购的土地以原征购价一半的价格,分配给无地或少地的农民,十年付清;承购土地时,以现耕为基础,进行合理的调剂,原耕地上的贫苦佃农和雇农、革命死难者的遗族、现役军人的直系家属以及复员退伍军人有优先承购权;人均承购地数连同原有土地一起不能超过当地中农的人均地数。第四,土地公债。由边区银行发行土地公债,用于土地征购和承购。土地公债十年还清,年息为千分之五。土地公债可以转让抵押,但不能流通。①

《陕甘宁边区征购地主土地条例草案》公布后,征购工作很快就开始了试点。中共中央西北局和边区政府组织了三个工作团分赴绥德、庆阳、米脂三个县的五个乡进行征购试点,各团试点很快就取得了较大的成绩。在绥德新店区贺家石村,到1946年12月20日,共有61户少地和无地的农民用19.8石米承购了420多垧的土地②;到12月29日,绥德新店区一乡计有225

---

① 陕西省档案馆、陕西省社会科学院编:《陕甘宁边区政府文件选编》第11辑,档案出版社1991年版,第41—44页。
② 《绥德新店区贺家石村试行土地公债胜利完成》,载《解放日报》1946年12月20日。

户农民承购了1193垧的土地①。在米脂县的杨家沟乡,共从63户地主手中征购土地20881亩,当地292户贫苦农民通过承购得到了土地。一些农民笑着说:"没有这次土地公债,咱们这些穷光蛋哪里能买下地?"②比较而言,西北局组织部长马文瑞率团在陇东分区庆阳县高迎区王家塬取得的成绩和经验最为显著,共征购地主土地1900余亩,分别由68户无地和22户少地的贫苦农民承购,人均5—6亩原地(山地2亩折1亩原地)。按规定给地主人均留地9亩,超过当地中农的50%,符合条例规定。经过征购,使97%的土地归农民所有。马文瑞率团在王家塬的试点被边区政府称作"试行土地公债成功之优秀范例"③。但在征购试点中也暴露出一些问题,主要是由于征购条例规定土地的承购以原耕为基础,因此在土地征购和承购中政府只是例行公事,农民不相信自己的力量,对保持所承购的土地没有信心。在庆阳县的三堡三乡,原来没有土地的农民占20%,经过征购和承购后,只有9%的农民获得了较多的土地,其余11%的人仍然没有土地。这表明,在征购的实践中客观上存在着把和平赎买地主的土地仅仅理解为一种简单的土地买卖关系,而不是一种特殊形式的阶级斗争。在总结经验教训的基础上,1947年1月24日,西北局在《关于发动群众彻底解决土地问题的补充指示》中指出,征购只能在群众斗争深入的基础上进行,看来是由上而下的法律办事,实则却是由下而上的群众斗争。西北局的这一指示为防止在土地现有租佃关系的基础上把土地的承

---

① 《绥德新店区一乡完成征购地主土地》,载《解放日报》1946年12月29日。
② 《米脂城东杨家沟乡征购土地二万余亩》,载《解放日报》1947年1月7日。
③ 《庆阳高迎区王家塬乡合理完成土地征购》,载《解放日报》1947年1月21日。

购看作政府的"恩赐",不需要经过与地主斗争的错误认识提供了依据。在西北局的"补充指示"下发后,土地征购和土地占有的情况得到了很大的改善。从米脂县桃镇区八个乡的情况看,在1946年土地征购后,地主人均地数为12.1垧,超过中农人均地数3.6垧的3倍多;到1947年春天土地征购后,地主人均地数为4.4垧,略高于中农人均地数3.7垧。①

总体上看,中央对这次试点高度重视,参加土地征购的有中央委员和各级干部上千余人,取得的成绩也非常显著,在试点的三县五乡中,农民共承购土地2.6万亩,对地主每人留地至少超过中农50%。获得土地的农民,生产热情高涨,欢欣得手舞足蹈地唱着"减租减息半翻身,征购土地全翻身","土地回老家,农民是主人"②。与此同时,地主的多余土地在被征购后,地主在自家留用的土地上的农业生产积极性和转营中小工商业的积极性也普遍得到了提高。集这两种积极性于一身的地主张永泰成了边区地主的楷模,代表了边区地主在土地征购之后发展的"张永泰道路"③。

在土地征购试点的基础上,边区政府和中共中央及时进行经验总结。1947年2月初,在边区专员县长联席会议上,边区政府副主席刘景范联系着王家塬的实践经验从三个方面总结了整个土地征购的经验:第一,要完成征购土地的任务,必须自下而上发动群众;第二,做到贫困农民普遍获地并使数量质量大体

---

① 董志凯:《解放战争时期的土地改革》,北京大学出版社1987年版,第70—71页。
② 《试行土地公债获得初步成绩》,载《解放日报》1947年2月3日。
③ 《张永泰的道路》,载《解放日报》1946年12月8日;《走张永泰道路,地主生活愉快》,载《解放日报》1947年1月7日。

平均;第三,彻底解决土地问题是推动一切工作的关键。① 2月8日,边区政府对前颁的征购条例进行了修改,最主要的修改是将原来规定的关于承购以现耕为基础的条文修改为"征购土地之分配应按人口分配给无地及少地之贫苦人民,使每人所有之土地数量与质量达到大体的平均"②。同一天,刘少奇为中共中央起草了关于陕甘宁边区若干地方试办土地公债经验的通报,将陕甘宁边区的征购经验推广介绍到其他解放区。通报指出,陕甘宁边区的土地征购实践"证明这是彻底解决土地问题——最后取消封建土地关系与更多满足无地少地农民土地要求的最好办法之一"。通报把陕甘宁边区的主要经验总结为:第一,征购土地如果与清算运动结合在一起,会大大加强群众运动,使群众的清算更加站在合法的地位;第二,公债征购可以在清算、献地之外使地主把多余的土地全部拿出来;第三,对不便于进行土地清算的抗日地主和开明绅士的土地可以通过土地征购的形式予以解决;第四,当必须取得个别富农的土地时,用公债征购的形式比直接用清算的形式更易于被富农接受;第五,公债征购对于地主的生活也有帮助,地主可以通过公债的形式交纳公粮。③陕甘宁边区的土地征购尝试为中共中央关于和平土改的设想提供了重要的实践经验。虽然与其他解放区相比,陕甘宁边区自身的环境确有其特殊性,特别是作为中共中央驻地,边区的法律

---

① 《学习王家塬征购的经验,彻底解决边区土地问题》,载《解放日报》1947年2月3日。

② 陕西省档案馆、陕西省社会科学院编:《陕甘宁边区政府文件选编》第11辑,档案出版社1991年版,第107页。

③ 中央档案馆编:《中共中央文件选集》第16册,中共中央党校出版社1992年版,第408—410页。

法规比较健全,在这种情况下地主在出售土地后对持有的土地公债的价值和农民对持有通过土地公债承购的土地都有相当的政治信心。但是,这种特殊性与随后对和平土改的放弃之间的关联度是非常小的。只要中央对和平土改三令五申,和平赎买地主的政策能够得到延续,那么对这一政策持消极怀疑态度的一些解放区的土改斗争受到一定程度的政策牵制,也并非不可能。①

三、从有偿征购到暴力剥夺:"和平土改"的放弃

1947年3月,国民党军队占领延安,彻底关死了国共和谈的大门,也关死了抗战结束后中国人民争取和平、民主和团结的大门。在内战的严重压力下,中共中央土改的思路也开始了整体性的转换。1947年9月,中国共产党全国土地会议通过的《中国土地法大纲》明确规定废除一切地主的土地所有权,标志着中共中央放弃了和平土改的设想,重新选择了暴力土改的方案。中共中央土改思路的整体性转换,最主要、也是最直接的原

---

① 杨奎松:《关于战后中共和平土改的尝试与可能问题》,载《南京大学学报》2007年第5期。

因是和平土改所需政治环境的缺失。① 在内战的环境中,对农民充分政治动员的需要成为土改思路转换的首要因素。要在内战中胜利,必须要迅速获得广大农民,特别是占农村人口多数的贫雇农的支持,而要获得这种支持则必须要以暴力的手段迅速没收地主的土地无偿分配给缺地和少地的农民。除此之外,在中共中央放弃和平土改的背后还有其他许多更为具体的重要因素。

第一,农民在合法地权扩散过程中的获益已经非常有限了。抗战时期实行的减租减息在形式上并没有涉及地主的土地所有权,只是对地主和农民之间租(息)额的一种限制;但对地主所收之租(息)的限制,本身是对地主积累资本,扩充地产的一种抑制;而对农民所交之租(息)的减少,则是对农民通过提高自身经济能力扩充地产的一种支持。这样,长期的减租减息推动着老解放区的土地所有权开始平均化,形成了一种自发、合法的

---

① 一般的党史论著都以1946年6月26日国民党军队进攻中原解放区作为战后国共内战全面爆发的标志,但却忽视了在此后相当一段时间里,中共并没有放弃实现国共合作建国的希望。毛泽东在1947年1月1日的《新年祝词》中仍然强调,中国人民要通过艰苦卓绝的斗争"使各党派间诚意的和平谈判和全国范围内真正的和平生活成为可能"(中央档案馆编:《中共中央文件选集》第16册,中共中央党校出版社1992年版,第372页)。同一天,《解放日报》在《艰苦奋斗迎接光明》的新年献词中大篇幅地引用了毛泽东《论联合政府》的观点,指出这些"仍然是我党的基本主张"(1947年1月1日延安《解放日报》,第2、3版)。这表明,中共这时仍然坚持在民主的基础上建立包括国民党、共产党和其他各党各派和联合政府的政治主张。1947年3月,蒋介石强迫京、渝中共代表撤退,中共在声明中说,虽然中共一直"委曲求全","仁至义尽",愿意在"最低限度的条件下,继续谈判",但"蒋方已决心最后破裂,放手大打下去,关死了一切谈判之门"(中央档案馆编:《中共中央文件选集》第16册,中共中央党校出版社1992年版,第414、415页)。至此,中共才真正认识到国共全面破裂和全面内战已不可避免。这就可以解释,为什么1946年6月之后,中共的土地政策还非常克制,只是到了1947年3月以后,中共才开始从正面大量宣传土地革命,并逐渐确立了暴力土改方案。

地权扩散机制。在河北太行区,抗战期间通过减租减息地主土地被削减了42%—62.3%。在山东滨海区,和1937年相比,1945年地主的土地占有量从59.11%下降为30.39%,中农从18.69%上升为38.11%,贫农从12.24%上升为20.74%,中贫农所占土地的数量已经超过了地主。①"五四指示"颁布后,解放区的地权进一步均化。比如,河北省武安县五个村的地主在"五四指示"前共计40户,占地4874亩,占土地总数的20.7%,户均121.9亩;到1947年4月"五四指示"贯彻了近一年后,地主占地下降为1508亩,占土地总数的6.1%,户均37.7亩。贫农667户,所占土地从3222亩上升到7174亩,所占土地的比例从13.6%上升为29%,户均从4.8亩增加到10.7亩。中农的土地占有略有增加,富农的土地占有则略有下降。总体上看,土地的占有比较平均了。② 在陕甘宁边区的合水、庆阳、镇原三县,在贯彻"五四指示"的过程中农民分别拥有了土地总数的31%、47.2%、50%。③ 与抗战时期不同的是,在"五四指示"的基础上,虽然地权的转移对农民仍有很强的吸引力,但农民从中的获益已经非常有限了,相比之下农民对通过没收地主的财产、挖浮财、挖地财来获得利益的热情远超过地权的转移④,这就推动着农民不断实际地突破"五四指示"直接从地主手中获取土

---

① 苑书义、董丛林:《近代中国小农经济的变迁》,人民出版社2001年版,第194—195页。

② 彭明主编:《中国现代史资料选辑》第六册,中国人民大学出版社1989年版,第525页。

③ 黄正林:《陕甘宁边区乡村的经济与社会》,人民出版社2006年版,第57页。

④ 黄道炫:《洗脸——1946年至1948年农村土改中的干部整改》,载《历史研究》2007年第4期。

地。因此,有些解放区,农民自发地提出了"消灭封建"的号召,开始没收地主的土地。据晋冀鲁豫太行区1947年3月的统计,整个地主和经营地主的土地减少了80%以上,富农的土地减少了50%以上。① 在东北的西满和北满地区,到1946年10月,共分配土地3160万亩,经营地主的土地也都分配了。② 一方面是地权的进一步均化扩散,另一方面是自发的反封建斗争,这样,到1947年初,一些地区就已经宣告实现了"耕者有其田"的目标。太行区党委在总结1946年土地改革时就指出:"太行一年来,新区群众得到了普遍的发动,一半以上的新区,基本上消灭了封建,实现了耕者有其田。"③鸡泽地区宣布"胜利完成土地改革,地主的统治与剥削彻底消灭,贫苦农民每人土地平均增至四亩以上"④。胶东地区也宣布"土地改革已大体完成"⑤。毛泽东后来在七届三中全会上说,实际上"冲破《五四指示》是群众的行动"⑥。这也就是说,和平土改的设想客观上与农民通过自发的反封建斗争来获取更多利益的要求形成了矛盾。

第二,一些地区在反奸清算、尝试土地征购中出现了比较严重的基层干部权力腐败。土地改革是一场巨大的利益调整,"五四指示"所确立的新的土地政策目标和土改思路使干部,特别是基层干部的权力在财富重新配置中的作用迅速提高,由此

---

① 董志凯:《解放战争时期的土地改革》,北京大学出版社1987年版,第67页。
② 许涤新、吴承明:《新民主主义革命时期的中国资本主义》,人民出版社1993年版,第321页。
③《太行区党委总结新区土地改革,指示继续深入运动方向》,载《人民日报》1947年1月18日。
④《鸡泽完成土地改革,赤贫平均有地四亩》,载《人民日报》1947年2月19日。
⑤《胶东土地改革大体完成》,载《解放日报》1947年1月27日。
⑥ 薄一波:《若干重大决策与事件的回顾》上卷,人民出版社1997年版,第121页。

干部的特权和腐败也开始膨胀。1947年2月18日,薄一波在关于晋冀鲁豫地区土地改革给中央的总结报告中详细列举了该区在土地分配中腐败的几种主要形式:其一,区村干部、积极分子、民兵以功臣自居,普遍占又多又好的土地、房产、牲畜,甚至窃取更多的现金、器具。其二,政府、军队、机关将没收的公共土地据为己有,并用非法的手段占有应归群众分配的土地。名为生产,实则为少数干部把持。其三,县、区、村都有庞大的合作社,其基金多半为土地改革的果实。这些合作社基金名为群众性的,实则通年不分红,不报账,也为少数干部把持。其四,有的地主把土地献给政府,其本人变成了工属、抗属,经过干部包庇,又把土地、房屋、财产保留起来。其五,有些地主家庭出身的干部,在"五四指示"颁布之后,迅速把坏地卖出,保留好地,把资本投入公营商店、工厂、合作社、银行,使土地、财产转移保留。① 根据《冀中区党委执行中央〈五四指示〉的基本总结》报告,在河北的献县,当地一些党的干部贪污公积金,并在"耕者有其田"的运动中对分配的土地敲诈勒索。在对献县23个村庄的调查中,农民们十分痛恨腐败的干部,其中有12个村庄的农民强烈要求与腐败的官员做斗争。② 中共太谷县委在总结土改经验时也提到所在县的一些农村中存在"村长、主任包办,好些财物迟迟不分,结果弄得群众不满,连分得果实的群众也不积极"③的消极现象。就是在陕甘宁边区,在土地问题上也存在着干部的

---

① 中央档案馆编:《解放战争时期土地改革文件选辑》,中共中央党校出版社1981年版,第52—53页。

② 费里曼、毕克伟、赛尔登:《中国乡村,社会主义国家》,陶鹤山译,社会科学文献出版社2002年版,第138—139页。

③ 《太谷边地土地改革经验》,载《人民日报》1947年3月25日。

腐败现象。1947年12月,陕甘宁边区政府、陕甘宁晋绥联防军司令部、中共西北中央局在关于支持《中国土地法大纲》的联合布告中指出:"过去土改中的斗争果实,在很多地方都分得不公平,贫雇农吃了亏,干部和自私自利分子占了便宜。"①这表明,一些基层干部的特权和腐败在许多解放区不同程度地存在着,导致一些地区的农民对以合法的方式推进土改心灰意冷。这种情况引起了中央的高度重视,刘少奇在1947年9月13日全国土地会议上所做的结论中把这一点看作前一时期"土地改革不彻底带基本性质的原因"②。从这个意义上说,通过暴力的手段彻底平分土地是把土地改革中基层干部权力腐败最小化的一种政治约束。

第三,还有一个容易被忽视的重要因素,就是在解放区不断扩大发展过程中形成的人地矛盾,即解放区的人口越来越多,而可供分配的土地则越来越少。在一些老解放区,比如在河北饶阳县五公村,1936年时该村共1390人,到1948年,全村人口上升到1557人。从1936—1946年的统计看,该村人均土地面积从3.3亩下降到2.8亩,人口增加速度是很快的。③ 另外,在山东莒南县,1936年该县人口共366266人,其中非农业人口6840人,到1946年,总人口上升到423432人,非农业人口8450人。④

---

① 陕西省档案馆、陕西省社会科学院编:《陕甘宁边区政府文件选编》第11辑,档案出版社1991年版,第245页。
② 《刘少奇选集》上卷,人民出版社1981年版,第386页。
③ 费里曼、毕克伟、赛尔登:《中国乡村,社会主义国家》,陶鹤山译,社会科学文献出版社2002年版,第151、129页。
④ 王友明:《解放区土地改革研究:1941—1948——以山东莒南县为个案》,上海社会科学院出版社2006年版,第169页。

从这个数字看,十年中农业人口增加了55556人,非农业人口增加了1610人。农村人口的增加是显然的,而非农业人口的增加,表明农民经营副业的积极性增加了,同时也表明农村中确实存在着反映人地矛盾的富余劳动力。除了解放区正常的人口增长外,一些解放区还要调剂土地来安置移难民。1943年,陕甘宁边区延属分区安置移难民3053户,12974人,调剂土地48064亩,关中分区安置移难民4146户,12736人,调剂熟地11293亩。1946年,陕甘宁边区安置移难民623户,2104人,政府调剂土地6339亩,群众调剂土地17325亩。[①] 整个解放区在发展过程中人地矛盾的发展程度及其对党的土地政策的影响应该说是客观的。一定意义上说,通过暴力手段没收地主的土地来满足不断增加的农业人口对耕地的需要这一点,在内战的压力和对农民政治动员的需要下就成为不可避免的土改方案。

  由于内战的环境,加上上述三个因素的具体作用,和平土改的构想很快被暴力土改的方案代替,中国的土地问题最终以暴力土改的方式完成。尽管如此,1946—1947年中共关于和平土改的构想和尝试在中国共产党新民主主义经济思想史上仍然有重要的意义,它表明中共确实根据特殊的历史条件试图走和平赎买地主的道路,只是在这条道路被堵死后才最终选择了暴力。新中国成立后,党提出和平赎买资产阶级的方案,这与和平赎买地主在逻辑上有内在的一致性。从这个意义上,和平赎买地主的尝试为后来的和平赎买资产阶级提供了重要的历史经验。

[①] 陕西省档案馆、陕西省社会科学院编:《陕甘宁边区政府文件选编》第11辑,档案出版社1991年版,第283页。

第四章

《论联合政府》与不同文献映衬中的新民主主义思想

1945年在中共七大上做的书面报告《论联合政府》是民主革命时期毛泽东的一篇重要理论文献，也是新民主主义思想的一篇经典文献，标志着毛泽东新民主主义思想的成熟。但在新中国建立初期，毛泽东对《论联合政府》做了许多重要修改，反映出毛泽东新民主主义思想的许多重大变化。此外，这一修改也与20世纪90年代后继续出版的关于新民主主义理论研究的重要文献之间的逻辑形成了复杂的关系。以《论联合政府》为基础，对新民主主义理论研究文献进行梳理和研究，对于进一步精准把握毛泽东新民主主义思想的内涵及其走向有极其重要的意义。

一、对战后中国资本主义发展重要性的高度肯定

从20世纪40年代初提出"新民主主义"这一新的理论概念,到1945年党的七大,毛泽东的新民主主义理论已经非常系统、完善和成熟,主要的标志就是《论联合政府》这篇重要文献。在这篇文献中,毛泽东以深远的历史眼界从理论上正确论述了战后如何对待中国资本主义的发展及其与社会主义的关系问题,揭示出了中国通往社会主义的特殊历史道路,这构成了整个新民主主义理论的核心。1945年5月5日《解放日报》在社论《中国人民胜利的指南——读毛泽东同志的〈论联合政府〉》中指出,抗战胜利后,"农民与地主,工人与资本家,都能调节相互矛盾的利益,合力同心来发展生产,改善生活","新民主主义这样一种思想,是从无量数的事实中得出来的真理,而这一真理,这一思想,就像一条红线一样,贯穿在毛泽东同志的整个报告中"①。这篇报告被党的七大通过后,成为指导全党完成新民主主义革命和为中国的新民主主义前途奋斗的强大思想武器。

新中国成立后,《论联合政府》被收入1953年4月出版的《毛泽东选集》第三卷。1953年4月10日的《人民日报》在介绍刚刚出版的《毛泽东选集》第三卷所收入的《论联合政府》时说:"毛泽东同志在党的第七次全国代表大会上所作的'论联合政府'的政治报告,全面地总结了抗日战争八年中共产党和国民

---

① 《中国人民胜利的指南——读毛泽东同志的〈论联合政府〉》,载《解放日报》1945年5月5日。

党两条路线斗争的经验,提出了团结全国人民争取胜利的一般纲领和具体纲领。这个报告继'新民主主义论'收到了动员全国人民的极大效果。"①《人民日报》的这个介绍没有提及两个重要的事实:第一,在1953年毛泽东已经开始批评"确立新民主主义社会秩序"的情况下,没有提及《论联合政府》中毛泽东对新民主主义理论的发展其中的重大战略观点。第二,在逐步形成过渡时期总路线的情况下,毛泽东根据当时新的认识对《论联合政府》进行过修改。其中,最主要的是对第四部分"中国共产党的政策"中的第一部分内容"我们的一般纲领"中关于发展资本主义及其与社会主义的关系方面的内容进行了修改。修改的方式,表面上看是语言性的删节,但实际上,经过修改后,所反映出来的对资本主义及其与社会主义关系的认识已有很大不同。

《解放日报》1945年5月2日所刊载的《论联合政府》报告原文,在阐述中国共产党对待资本主义的认识时说:"拿发展资本主义去代替外国帝国主义与本国封建主义的压迫,不但是一个进步,而且是一个不可避免的过程,它不但有利于资产阶级,同时也有利于无产阶级。""我们共产党人根据自己对于马克思主义的社会发展规律的认识,明确地知道,在中国的条件下,在新民主主义国家的统治下,除了国家自己的经济与劳动人民的个体经济及合作社经济之外,一定要让私人资本主义经济获得广大发展的便利,才能有益于国家和人民,有益于社会的向前发展。"②新中国成立前出版的《毛泽东选集》(其中影响最大的是

---

① 《〈毛泽东选集〉第三卷出版》,载《人民日报》1953年4月10日。
② 毛泽东:《论联合政府》,载《解放日报》1945年5月2日。

1948年东北书店出版的《毛泽东选集》)所收入的《论联合政府》,完全是以《解放日报》1945年5月2日所刊载的《论联合政府》报告原文为准。但是,在修改后,1953年第一版和后来1991年第二版的《毛泽东选集》第三卷所收录的《论联合政府》中同样的段落则为:"拿资本主义的某种发展去代替外国帝国主义和本国封建主义的压迫,不但是一个进步,而且是一个不可避免的过程。它不但有利于资产阶级,同时也有利于无产阶级,或者说更有利于无产阶级。""我们共产党人根据自己对于马克思主义的社会发展规律的认识,明确地知道,在中国的条件下,在新民主主义的国家制度下,除了国家自己的经济、劳动人民的个体经济和合作社经济之外,一定要让私人资本主义经济在不能操纵国民生计的范围内获得发展的便利,才能有益于社会的向前发展。"①在修改后的文本中,资本主义的"某种发展"取代了"发展","更有利于无产阶级"取代了"对资产阶级和无产阶级的同等有利性","在不能操纵国民生计的范围内获得发展的便利"取代了"广大发展的便利"。

  关于中国向社会主义的过渡问题,原初文本是:"实行这个纲领,还没有把中国推进到社会主义。这不是一个由于什么人在主观上想做或不想做这种推进的问题,而是一个由于在客观上中国的政治条件与社会条件不许可人们这样做的问题。"②修改后的文本则是:"这个纲领所规定的无产阶级在政治上的领导权,无产阶级领导下的国营经济和合作社经济,是

---

  ① 《毛泽东选集》第3卷,人民出版社1991年版,第1060—1061页。
  ② 毛泽东:《论联合政府》,载《解放日报》1945年5月2日。

社会主义的因素。但是这个纲领的实行,还没有使中国成为社会主义社会。"①显然,原初文本强调的是中国通往社会主义的历史制约性和长期性,而修改后的文本中,这层含义已经比较薄弱了。

关于《毛泽东选集》的编辑工作,中共中央文献研究室逄先知、金冲及主编的《毛泽东传(1949—1976)》提供了这样的史料:"《毛选》的编辑工作,是毛泽东从头到尾亲自做的。他参加选稿和确定篇目,对大部分文章进行精心修改和校订,并为一部分文章写了题解和注释。这些修改,绝大部分是文字性的,也有少量属于内容方面的。"②另外,根据薄一波提供的史料,毛泽东在1952年9月就"已在开始思考向社会主义过渡的问题了"③,那么,毛泽东在修改《论联合政府》时就不可能不受到正在形成中的过渡时期理论的影响。因此,毛泽东在当时的背景下修改《论联合政府》应该说是有重要意图的,表面上看是文字上的修改,实际上大大降低了关于资本主义经济发展重要性的认识,从而在理论上压缩了新民主主义社会的历史发展空间,为从新民主主义向社会主义过渡提供依据。

二、不同文献映衬中的新民主主义思想

20世纪90年代之后,一些新的材料陆续得到整理和出版,这使人们对新民主主义理论研究所依据的文本材料越来越丰

---

① 《毛泽东选集》第3卷,人民出版社1991年版,第1058—1059页。
② 中共中央文献研究室编:《毛泽东传(1949—1976)》(上),中央文献出版社2003年版,第140页。
③ 薄一波:《若干重大决策与事件的回顾》上卷,人民出版社1997年版,第220页。

富,但同时也使毛泽东对《论联合政府》的修改情况格外引人注目,陆续被人提了出来。在《胡乔木回忆毛泽东》中,胡乔木谈到了这种修改:"这里要指出的是,毛主席的修订主要是文字性的;就内容言,除在国家、政权、军队等问题上有一些段落的删节外,有关国际形势与涉外关系部分删节得更多。"①胡乔木还详细引用了被毛泽东删除的一大段关于论述战后中国发展中外资经济重要性的文字。于光远在《从"新民主主义社会论"到"社会主义初级阶段论"》中多处考证了关于《论联合政府》的修改情况,并指出:"不论这种修改后的内容比原来的内容是否更正确,但《论联合政府》是党代表大会讨论通过的党的重要文献,随便修改,这是完全不应该的。《毛泽东选集》的编者这么做,使得人们很难完全根据它来研究历史,而必须去做考证,而这种考证并不是很容易做到的。"②

1996年人民出版社出版的《毛泽东文集》第三卷,收集了党的七大期间毛泽东的多次重要讲话。在关于中国资本主义发展的重要程度这一问题上,在七大口头政治报告中,毛泽东指出:"在我的报告里,对资本主义问题已经有所发挥,比较充分地肯定了它。""我们这样肯定要广泛地发展资本主义,是只有好处,没有坏处的。对于这个问题,在我们党内有些人相当长的时间里搞不清楚,存在一种民粹派的思想。"③在七大的结论报告中,毛泽东指出:"中国也要发展资本主义","我们提倡的是新民主

---

① 《胡乔木回忆毛泽东》,人民出版社2003年版,第373—374页。
② 于光远:《从"新民主主义社会论"到"社会主义初级阶段论"》,人民出版社1996年版,第40页。
③ 《毛泽东文集》第3卷,人民出版社1996年版,第322—323页。

主义的资本主义,这种资本主义有它的生命力,还有革命性。从整个世界来说,资本主义是向下的,但一部分资本主义在反法西斯时还有用,另一部分资本主义——新民主主义的资本主义将来还有用,在中国及欧洲、南美的一些农业国家中还有用,它的性质是帮助社会主义的,它是革命的、有用的,有利于社会主义的发展的"。① 在上述两段引文中,毛泽东对资本主义是"比较充分地肯定了它",并且"肯定要广泛地发展资本主义",认为"它的性质是帮助社会主义的"。这与未修改的《论联合政府》的观点是相互支持和彼此印证的。但修改后的《论联合政府》通过增加一些限定性的语言体现出对中国资本主义发展的限制,把对资本主义发展的重要性在认识上降低了,范围上缩小了。同样是七大时期针对同一问题的讲话,不同的文献却反映出不同的认识状况。

此外,与七大前后的一些文献资料相比,修改后的《论联合政府》在认识上同样有一些不一致的地方。1944年7月14日,毛泽东与英国记者斯坦因有一个比较长的谈话,在这个谈话中,有两个地方对理解毛泽东这一时期的新民主主义理论非常重要,一处毛泽东强调:"我们不是空想家,我们不能离开当前的实际条件。中国到达社会主义和共产主义阶段,比起你们经济高度发达的西方国家,很可能要晚相当长的时间。"② 另一处毛泽东在解释新民主主义理论的要点时说:"我们新民主主义的基本政策是正确的。这个基本政策是让人民群众自己组织起

---

① 《毛泽东文集》第3卷,人民出版社1996年版,第384—385页。
② 《毛泽东文集》第3卷,人民出版社1996年版,第183页。

来，为实现民族独立，为建立民主制度，为在私有制基础上提高人民生活水平而进行革命。"①这是在七大召开前九个月时毛泽东对新民主主义及新民主主义下资本主义作用的认识。1945年6月21日，也就是在七大闭幕10天后，延安《解放日报》发表了《关于发展私人资本主义》的著名社论。这个社论在引证没有修改的《论联合政府》的基础上，批判了那种"企图否认中国应该让资本主义有一个广大的发展"的错误认识，指出在中国"自由资本主义还有它发展的宽广的可能性和必要，在中国这样的农业国家，我们所要发展和必须发展的，就是这样的资本主义"。虽然社论中也指出了资本主义发展中的不应"操纵国民生计"的原则，但这个原则主要是为了防止自由资本主义转向为官僚垄断资本主义，因为在官僚垄断资本主义下，"自由资本主义要遭受致命的摧残，当然更谈不上什么发展了"②。七大结束后，《论联合政府》经过广泛的宣传和学习，其阐述的新民主主义理论的这一主要观点被当时的普通党员群众广泛接受。1949年7月，署名李黎的撰述人编写了一本《新民主主义问答》的小册子，笔者保存着一本。从这本书上的学习批注以及书后的八道测验题推测，这本小册子是普通党员群众学习新民主主义理论中比较普遍的一本"教材"。该书在论述从新民主主义向社会主义的过渡问题时说："须知实现社会主义社会固然是我们努力的终极目标，但自有其一定的进行的方向和步骤，并不是一蹴可几（就）的，要使原来的半殖民地半封建的中国社会，

---

① 《毛泽东文集》第3卷，人民出版社1996年版，第190页。
② 《关于发展私人资本主义》，载《解放日报》1945年6月21日。

过渡到社会主义社会,必须经过一个新民主主义社会的阶段,一方面对旧社会作彻底的改革,另一方面为新社会铺平道路。要把半殖民地半封建的中国,一下子变成社会主义的中国,理想未尝不高超,其奈大海茫茫,缺少桥梁舟楫可渡河!"①"这种光明灿烂的社会主义社会,距离我们现在所处的社会还有很遥远的一段路程。"②这里论述的其实还是《论联合政府》没有修改时的基本观点。

从上述材料来看,它们所体现出来的认识与修改后的《论联合政府》并不是在一个层面上,修改后的《论联合政府》的着重点在于这种资本主义在政治上要接受无产阶级的领导,经济上要接受国营经济的领导。其实,这种资本主义已经不是七大时讲的"自由资本主义",而是开始具有了后来作为向社会主义过渡的中间环节形态的"国家资本主义"。应该说,这已经是完全不同的两种含义了。从这种修改的具体背景看,毛泽东显然是把新中国建立后对中国社会发展的新认识体现到了对《论联合政府》的修改中了。

三、毛泽东修改《论联合政府》和改变"马克思主义中国化"提法的重要原因

新中国成立初期,毛泽东对《论联合政府》的修改并不是孤立的。这一时期,毛泽东不仅对《论联合政府》以及其他一些重要文献进行了修改、修订,而且在党的其他一些重要历史文献中加写

---

① 李黎:《新民主主义问答》,万国书店1949年版,第71页。
② 李黎:《新民主主义问答》,万国书店1949年版,第72页。

了许多斯大林的观点。比如，根据胡乔木的回忆，新中国成立后在出版1945年中共六届七中全会通过的《关于若干历史问题的决议》这一重要文献时，考虑到苏共始终拒绝承认毛泽东思想这一概念，把凡有毛泽东思想这一概念的地方一律删去，同时加重了斯大林对中国革命指示的分量，原来一些没有斯大林的地方加上了"斯大林同志"，并增添了斯大林的引语。① 在对具体文献修改之外，更为重要的是，毛泽东改变了甚至是放弃了"马克思主义中国化"这一提法，而改用诸如"马克思主义与中国具体实践的结合"这样的讲法。这些改动背后的深层原因是什么？从战后世界社会主义发展的环境来看，这与这一时期苏共控制下的共产党情报局有着密切的联系。

1947年9月，波兰、南斯拉夫、罗马尼亚、匈牙利、法国、意大利、保加利亚、捷克斯洛伐克、苏联等九个国家的共产党和工人党情报局在波兰秘密建立。共产党情报局存在的时间并不长，1953年斯大林去世后，基本上就停止了活动，但它对战后世界，特别是对战后世界社会主义的发展却产生了深刻和广泛的影响。作为苏联控制下的一个特定国际组织机构，共产党情报局主要承担的使命是在战后美苏冷战的环境中，向东欧国家推广苏联模式，完成苏东的制度一体化。

由于战后初期苏联的安全重心在欧洲，因此共产党情报局建立后一段时间里并没有过多关注中国革命。但1948年后，随着中国革命的迅速发展，共产党情报局开始高度关注中国革命和革命胜利后的发展道路，并对中国共产党产生了重要影响。

---

① 参见《胡乔木回忆毛泽东》，人民出版社2003年版，第325—326页。

这种影响主要在于两个方面:第一,在理论上试图把中国革命论证为斯大林主义指导下的结果,认为中国革命的胜利是"斯大林的英明领导,是他的观点、战略、忠告和指导的结果","中共正因为学习和吸收了斯大林的理论观点,才能认清自己的道路,纠正自己的错误,并领导革命和革命战争走向胜利"。① 第二,1948年后,通过对南斯拉夫共产党"民族主义"大规模的理论批判,苏联在国际主义的名义下强化社会主义运动中苏联模式社会主义的正统性和唯一性,提出"忠于社会主义祖国——苏联,乃是国际主义的试金石和准绳","凡是陷入反苏主义泥潭的人都不免有滚上资产阶级民族主义道路的危险"②。这自然对强调中国民族发展的特殊性而有别于苏联式社会主义的新民主主义发展设想在理论和政治上形成了严重的外部压力。"被称作'民族主义分子'的压力在历史上确实是存在过的,而且中共也感觉到了这种压力的分量。"③正是在这种情况下,毛泽东开始以苏联模式的社会主义和斯大林的马克思主义观为参照,修改

---

① 费尔南多·克劳丁:《共产主义运动——从共产国际到共产党情报局》(下册),中共中央党校外文组译,求实出版社1982年版,第270页。陈伯达在1949年撰写的《斯大林与中国革命》一文,可以说是共产党情报局这一影响的集中反映。这篇文章完全是站在斯大林的观点上来分析中国革命和毛泽东的理论活动的,认为中国革命能够胜利,"是因为毛泽东同志关于中国革命性质问题,关于中国革命策略问题,是追随斯大林的学说,是和斯大林的思想完全一致的,并在中国革命的具体实践中,发展了斯大林关于中国革命问题的思想"。中国共产党能够成功,是因为毛泽东"用最高的热情,来阅读和深思熟虑他所得到的斯大林的任何著作",是因为毛泽东"特别喜欢咀嚼"斯大林关于中国革命的指示,是因为毛泽东"特别喜欢反复引用"斯大林的著作,根本上则是因为"毛泽东同志是斯大林的学生和战友"。参见陈伯达:《斯大林和中国革命》,人民出版社1952年版,第14、15—17页。

② 《共产党情报局会议文件集》,人民出版社1954年版,第118—119页。

③ 鲁振祥:《史事追寻——中共思想史上若干问题》,中央文献出版社2009年版,第250页。

过去关于新民主主义的理论观点。由此,毛泽东修改《论联合政府》就能够比较容易理解了。这种修改在深层次上表明新中国成立前后在共产党情报局的影响下毛泽东已经开始思考向苏联模式的社会主义靠拢这一问题,而且通过这一修改,使人们在理论上认识到向苏联模式社会主义的过渡一直以来就是中国共产党人的历史任务。

  苏联控制下的共产党情报局不仅影响了毛泽东对新中国发展道路的思考,同时也影响了毛泽东对"马克思主义中国化"的提法,使得毛泽东开始改变"马克思主义中国化"这一提法并且不提"毛泽东思想"。杨尚昆在回忆七届二中全会时提供了两个重要的材料。其一,1949年3月,毛泽东在七届二中全会上说:"自有党以来,就是布尔什维克,我们自己的只是枝节、细节,就是灵活性。如果离开布尔什维克的原则性,这是行不通的。"[①]其二,在会上,毛泽东甚至不同意王明关于"毛泽东思想是马列主义在殖民地半殖民地的应用和发展"[②]这一表述。显然,毛泽东这里考虑的问题是,要不要在苏共和斯大林面前提及中国革命对马克思主义理论的创新问题。这两个材料都表明,新中国成立前后,苏联通过共产党情报局形成的压力是促使毛泽东改变"马克思主义中国化"提法,并在党的重要历史文献中提升和强调斯大林作用最为重要的原因。

  关于共产党情报局对毛泽东和中国共产党的影响这一问题,本书第七章将进一步详细论述。

[①]《杨尚昆回忆录》,中央文献出版社2001年版,第279页。
[②]《杨尚昆回忆录》,中央文献出版社2001年版,第283页。

第五章

新民主主义政治经济学说的创立、内涵变迁与计划经济在中国的确立

关于20世纪50年代中期中国计划经济的确立,我国理论界大致形成了两类观点,偏重政治研究的人普遍认为中国的计划经济是移植苏联计划经济模式的结果,而偏重经济研究的人则普遍认为中国的计划经济是适应新中国成立初期中国重工业化的需要建立的。这两种观点都忽视了中国计划经济的建立实质上是一个政治与经济、理论和历史相互统一的特定制度变迁过程,这一过程的理论逻辑起源于新民主主义政治经济学说,中国计划经济的确立是新民主主义政治经济学说在历史中展开后在一系列客观矛盾运动的推动下带有必然性的结果。

一、新民主主义政治经济学说的创立与内涵变迁

　　马克思认为,政治经济学是研究"一般历史条件在生产上

是怎样起作用的,生产和一般历史运动的关系又是怎样的"①。从这个意义上说,新民主主义政治经济学说是对新民主主义的特定社会条件下经济发展的理论建构,但由于"一般历史运动"的因素,这一理论建构的重心是不同的。

如前所述,20世纪40年代中期的新民主主义政治经济学说,其重心在于对私人资本主义经济作用的强调。1940年初,毛泽东在《新民主主义论》中首次论述新民主主义社会的经济内容时指出:"它并不没收其他资本主义的私有财产,并不禁止'不能操纵国民生计'的资本主义生产的发展",在农业方面则"不是建立社会主义的农业,而是变为农民的私产"②。在这里,还没有涉及国营经济对新民主主义经济的领导问题。尽管可以把国营经济、资本主义经济和农民个体经济、合作社经济都列入新民主主义经济的范畴,但新民主主义政治经济学说的重心主要在于私人资本主义经济的发展上,而不是像人们后来理解的是在国营经济的领导下对私人资本主义经济的限制和利用上。从抗日根据地的经济实践来看,国营经济的发展与私人经济相比是非常缓慢的。以陕甘宁边区为例,1938年的公营棉厂只有1家,1943年为23家,到1944年也仅有120多个属于不同政府部门的公营工厂。因此,国营经济的发展并没有引起人们理论上的过多重视,有没有、有多少国营经济并不是衡量新民主主义经济的主要标准。相反,强调较多的则是私人资本主义经济的重要性。在党的七大上,毛泽东反复强调指出:"中国应该

---

① 《马克思恩格斯选集》第2卷,人民出版社1995年版,第15页。
② 《毛泽东选集》,东北书店1948年版,第247页。

让资本主义有一个广大的发展","一定要让私人资本主义经济获得广大发展的便利",这"不但有利于资产阶级,同时也有利于无产阶级"。关于把中国推进到社会主义,则"不是一个由于什么人在主观上想做或不想做这种推进的问题,而是一个由于在客观上中国的政治条件与社会条件不许可人们这样做的问题"①。新民主主义政治经济学说是毛泽东和中国共产党人基于严格的马克思主义历史决定论形成的关于中国社会经济发展的战略性认识,是由中国的马克思主义者在理论上彻底解决的一个中国资产阶级和自由主义者无法明确提出和解决的问题,从而显现出近代中国社会发展的特殊历史逻辑,这也是近代以来的第一个关于中国社会经济发展的理论建构。

尽管在新民主主义政治经济学说形成的过程中,中国经济发展的市场化道路问题并没有被明确提出来,但从其中的理论逻辑来看,市场化的倾向这一点却是特别明显的。具体地说,主要是:

第一,从经济成分的具体形态上看,新民主主义社会中存在私人经济、国营经济、个体经济等多种经济成分。这些经济成分间的相互作用、相互影响和相互形塑,必然要形成一种市场化的经济关系,而且在这些经济成分中,私人经济无疑是最重要的。与20世纪30—40年代中国思想界对"计划经济""国家统制经

---

① 《毛泽东选集》,东北书店1948年版,第314—316页。当然,毛泽东这里是从社会经济发展层次来论述资本主义的作用。与此同时,毛泽东高度强调反对党内资本主义思想的重要性,指出:"在这个时期内一部分共产党员被资产阶级所腐化,在党员中发生资本主义的思想,是可能的,我们必须和这种党内的腐化思想作斗争;但是不要把反对党内资本主义思想的斗争,错误地移到社会经济方面,去反对资本主义的经济成分。"参见《毛泽东选集》第3卷,人民出版社1991年版,第793页。

济"等问题的热烈讨论相比①,新民主主义政治经济学说中所蕴含的关于战后中国社会经济发展道路设想中的市场化倾向要明显得多,也强烈得多。

第二,从新民主主义社会中政治和经济的相互关系看,二者是相对分离的,即政治还没有形成对经济的压力,也不具备产生这种压力的经济基础。经济本身是按照自身的演进性理性取向,即通过满足人民的需求以利润为中心来发展的。从这一时期关于中国工业化道路的设想来看,主要是确立了一条以轻工业为重心的发展道路,认为"在中国,工业化只能通过自由企业和外国资本帮助之下才能做到"②。在这种情况下,国家的建构性经济作用和国家经济的作用还没有被明确地突显出来。

第三,从中国发展与世界发展的关系来看,新民主主义经济是非常开放并与世界市场紧密联系在一起的,这集中体现在前面所分析的毛泽东对外资经济的重视上。关于这一点,毛泽东在党的七大上指出:"为着发展工业,需要大批资本。从什么地方来呢?不外两个方面:主要地依靠中国人民自己积累资本,同时借助于外援。在服从中国法令,有益中国经济的条件之下,外国投资是我们所欢迎的。"③这表明当时毛泽东构建的新民主主义政治经济学说的发展思路是很开阔的,也表明在新民主主义社会条件下中国经济的发展将与世界经济

---

① 参见黄岭峻:《30—40年代中国思想界的"计划经济"思潮》,载《近代史研究》2000年第2期;黄岭峻、杨宁:《"统制经济"思潮述论》,载《江汉论坛》2002年第11期。

② 笑蜀编:《历史的先声——半个世纪前的庄严承诺》,汕头大学出版社1999年版,第106页。

③《毛泽东选集》,东北书店1948年版,第336页。

的发展密切地联在一起。

但是,这种关于战后中国市场化发展道路的设想与这一时期党的社会主义观念明显地存在着不一致。在什么是社会主义的问题上,由于历史条件的限制,苏联计划经济模式成了唯一的参照系。聂荣臻在党的七大上曾针对战后中国的发展提出了两个非常重要的问题:一个是"战后一切工厂是以私营为主,还是以公营为主?"另一个是"战后是实行计划经济,还是由工商业家盲目投资?"①从前面所论述的新民主主义政治经济学说的理论逻辑及其内含的市场化倾向来看,这两个问题事实上是不存在的。但这两个问题的提出,却预示着新民主主义思想与苏联式社会主义观念的冲突,以及随着中国革命实践的发展和国际环境的变迁,在计划经济和市场经济的抉择中,中国共产党关于战后中国市场化道路的设想可能要发生的变化。

经济学家于光远认为,从20世纪40年代后期中国历史的变动来看,"当初不去研究马克思主义过渡时期理论是导致以后思想上混乱的一个重要原因"②。这里所说的,缺失"过渡时期理论",实质上就是缺失新民主主义社会基本矛盾的理论,而一旦人们在社会历史环境的变化中开始认识到这一矛盾,这就对新民主主义政治经济学说的走向产生了结构性的影响。

1948年9月初,刘少奇在《论新民主主义的经济与合作社》一文中指出,在推翻帝国主义、封建主义和官僚资本主义的统治以后,新民主主义经济中的国营经济和私人经济之间的竞争将

---

① 中共中央文献研究室编:《中共党史资料》第38辑,中共党史出版社1991年版,第16—17页。

② 于光远:《于光远经济学文选》,经济科学出版社2001年版,第691页。

成为"基本的和主要的矛盾"①。在随后召开的九月中央政治局会议上,刘少奇进一步指出:"新民主主义经济中,基本矛盾就是资本主义与社会主义的矛盾",必须要"清醒地看见这种矛盾"②。毛泽东在会议的总结报告中也明确指出:"现在点明一句话,资产阶级民主革命完成以后,中国内部的主要矛盾就是无产阶级和资产阶级之间的矛盾,外部就是同帝国主义的矛盾。"③新民主主义社会基本矛盾理论在强调社会主义和资本主义、无产阶级和资产阶级对立的同时,也强化了国营经济和私人经济,以及计划经济和市场经济之间的对立,从而开始拉近了向苏联计划经济模式的理论过渡。

在新民主主义社会基本矛盾理论的基础上,新民主主义政治经济学说的重心逐渐开始发生了改变。1948年9月15日,张闻天在《关于东北经济构成及经济建设基本方针的提纲》(简称《提纲》)中指出:"我们在经济政策上必须实行一条明确的阶级路线",如果再把"发展新民主主义经济等同于发展私人资本主义",那"新民主主义的政治必然将会因此蜕化而为旧民主主义的政治,而这在实际上必然会是半殖民地半封建的旧统治的复辟"。④10月初,刘少奇运用新民主主义社会基本矛盾的观点对这一《提纲》进行了修改,更加强调了新民主主义经济中社会主义与资本主义的对立,指出国营经济和私人资本主义经济的对立,"即无产

---

① 中共中央文献研究室编:《刘少奇年谱(1898—1969)》下卷,中央文献出版社1996年版,第160页。
② 中共中央文献研究室编:《刘少奇年谱(1898—1969)》下卷,中央文献出版社1996年版,第161、162页。
③ 《毛泽东文集》第5卷,人民出版社1996年版,第145—146页。
④ 《张闻天文集》第4卷,中共党史出版社1995年版,第27—28页。

阶级和资产阶级的矛盾,是在彻底消灭帝国主义、封建主义和官僚资本主义的压迫以后,新民主主义社会中的基本矛盾"①。九月会议和张闻天的《提纲》对于在实践中认识国营经济和资本主义经济谁轻谁重以及二者间的矛盾有着重要的意义。1948 年 11 月,晋察冀解放区在一份关于城市工作的报告中鲜明地反映了普通党员干部这种认识上的重大变化:"大家在讨论中,反映了对新民主主义经济认识上的一些模糊观点。许多同志都说,过去对国营企业不了解,尤其不了解他是社会主义性质的,所以,常跟他闹别扭,没有很好的帮助他发展,这是这次大会的一个最大的收获。有了这个认识,才能了解我们共产党和资本家不是一回事,他们对我们,我们对他们都不是一个心。"②如果说,在 20 世纪 40 年代中期设想的新民主主义经济中,私人资本主义经济占据着主要地位,那么,在 40 年代后期,国营经济则占据了主要地位。也就是说,在新民主主义经济中"起决定作用的东西是国营经济、公营经济"③,而不再是私人资本主义经济,这是一个重大的明显的变化。

二、中国共产党新民主主义计划经济观的形成和计划经济在中国的确立

在新民主主义政治经济学说的重心发生改变的过程中,关于战后中国市场化发展道路的设想也随之被新民主主义计划经济的观念代替了。

---

① 中共中央文献研究室编:《刘少奇年谱(1898—1969)》下卷,中央文献出版社 1996 年版,第 164 页。

② 《晋察冀解放区历史文献选编(1945—1949)》,中国档案出版社 1998 年版,第 550—551 页。

③ 《毛泽东文集》第 5 卷,人民出版社 1996 年版,第 139 页。

1948年9月,张闻天在关于东北经济建设的《提纲》中首先提出了"新民主主义的计划经济"的思想:"新民主主义经济建设的特点,正是在于具有明确的计划性,正是在于它能以明确的经济计划去适当的布置我们的人力和物力,去动员千百万人民为这一计划的实现而奋斗。"①毛泽东和刘少奇充分注意到这一点。毛泽东在对《提纲》的修改中,在关于计划经济的问题上阐述了三点意见:第一,实行国民经济组织性和计划性必须严格限制在可能性和必要性的限度内,国营经济首先要适应这种组织性和计划性;第二,除了国家总的计划外,必须特别重视地方性的国民经济计划;第三,由于有了多种经济成分,而且有了私人资本主义经济,特别是商人资本主义这一情形,这使我们必须有无产阶级明确而周密的经济政策、经济计划和整套的经济组织去指导国民经济建设,绝不允许有任何的模糊和混乱。在1949年1月中央政治局会议上,毛泽东再次强调了计划经济的重要性:"不要以为新民主主义经济不是计划经济,不是向社会主义发展,而认为是自由贸易、自由竞争,向资本主义发展,那是极端错误的。"②从这些论述中可以看出,虽然对经济的计划程度的强调还不稳定,但把计划经济等于社会主义这一点是无疑的。因此,从新民主主义向社会主义的过渡,必然同时意味着中国要走向社会主义计划经济的道路。

和毛泽东一样,刘少奇在修改《提纲》时也对计划经济的问题进行了充分论述。从张闻天的原稿和中央修改稿的

---

① 《张闻天文集》第4卷,中共党史出版社1995年版,第28页。
② 薄一波:《若干重大决策与事件的回顾》上卷,人民出版社1997年版,第24页。

对比来看，中央修改稿中论述计划经济的部分基本上是刘少奇所加。在"国营经济"这一部分，刘少奇加写了这样一段话："必须由国家统一集中管理一切国营经济"，"这会使所有的国有企业，在统一的计划之下去经营"，"如果再经过合作社系统，去结合广大的小生产者，在国营经济的领导之下，并用国家资本主义的方法，把一部分私人资本也吸收在国营经济体系之内，就使无产阶级领导的新民主主义国家有可能把整个社会和国家的经济加以组织，使它成为有计划的经济，避免资本主义经济的无政府状态和恐慌"。在"合作社经济"部分，刘少奇加写了这样一段话：一定"要在经济上去领导小生产者，要使千千万万的农民小生产者依照无产阶级的计划去进行生产，并在将来要使他们走向社会主义的前途"。[①]毛泽东和刘少奇的上述观点标志着新民主主义计划经济观的基本形成。

1948年11—12月，刘少奇对《提纲》再次进行了修改，深化了对新民主主义计划经济的认识。在计划经济和社会主义的关系问题上，刘少奇认为，不能"过早地和过多地在国民经济中采取社会主义的步骤，超出实际的可能性和必要性去机械地实行计划经济，因而使我们失去农民小生产者的拥护。这是一种极危险的'左'的偏向，我们必须严格地加以防止"[②]。1948年12月，刘少奇在华北财经委员会上所做的关于新中国经济性质与经济建设方针的报告中，突出强调了新民主主义经济中市场关系的重要

---

① 《张闻天文集》第4卷，中共党史出版社1995年版，第31—33页。
② 中共中央文献研究室编：《刘少奇年谱(1898—1969)》下卷，中央文献出版社1996年版，第168页。

性，认为新民主主义社会的"各种关系表现为市场问题，因此中心问题是建立适当的市场关系"，"今后商品生产愈多，商业便愈重要，……我们今天要与资本家竞争，谁领导了市场，谁就领导了国民经济"，"我们不能用行政命令，而必须用商业的方法战胜资本家"。① 但刘少奇的这些论述并不意味着新民主主义经济就是一种市场经济。1949 年 2 月，在与苏共政治局委员米高扬的谈话中，刘少奇指出："我们要牢记列宁的指示：小资产阶级经济是产生资本主义的根源"，"我们的目标是通过加强计划经济逐步向社会主义过渡。向社会主义过渡将具有时间的长期性和斗争的残酷性。我们现在也面临着列宁当时提出的'谁战胜谁'的问题"。② 这样，问题就比较清楚了。新民主主义社会是以计划经济为主、以市场经济为辅的社会经济体。在这一点上，人们在认识上并没有分歧。但"以市场经济为辅"却是一个有着歧义的问题，它涉及这样一个问题：是把计划经济建立在市场关系发展的基础上，还是通过计划经济来限制和排挤市场关系。这二者都可以通过新民主主义计划经济思想来解释，但却有着完全不同的含义，前者的重点在于推进市场关系的发展，而后者的重点则在于扩展计划关系的范围。这里已经隐隐地呈现出 20 世纪 20 年代中后期处于剧烈制度变迁中的苏联在理论争论中所涉及的问题。

具体地看，新民主主义计划经济观的形成维系在两个特殊的历史因素上，一是中国工业化历史任务的迫近，这使得通过暴

---

① 中共中央文献研究室编：《刘少奇传》下，中央文献出版社 1998 年版，第 615、616 页。
② 尼·特·费德林、伊·弗·科瓦廖夫、安·梅·列多夫斯基等：《毛泽东与斯大林、赫鲁晓夫交往录》，彭卓吾译，东方出版社 2004 年版，第 45—50 页。

力革命即将获得国家政权的中国共产党客观上必须逐步走上依靠国家政治力量去推动工业化的历史道路,这也是从中国发展的战略高度来审视国营经济的最根本原因。二是由于战后国际环境的变化,冷战开始形成,加快了中国向苏联社会主义计划经济模式的靠拢。作为向社会主义过渡中一种特殊的发展制度,新民主主义计划经济一方面保留了新民主主义政治经济学说的理论框架,同时又融入了列宁早期关于过渡时期的理论,这就使新民主主义计划经济本身表现出不稳定性。这种不稳定性根本上是由于对中国工业化发展的具体道路,对苏联社会主义模式是怎样一个学法还没有形成统一的认识。

刘少奇这一时期明显地倾向于坚持40年代中期党对中国工业化的设想,认为中国工业化与历史上的其他国家一样,将遵循农业、轻工业、重工业的常规路线发展。"现在可以肯定地说,农业和轻工业是我们的重点,重工业我们基本上还没有","历史上的国家要从轻工业积累资本之后才能建立重工业。重工业有的可以搞出来,没有的可以不搞"。[①]对中国工业化道路的这一认识也是刘少奇在新民主主义计划经济的制度框架下能充分注意到市场关系发展的深层原因。毛泽东这时对中国工业化发展重心的认识还不是非常明确化,但可以肯定地说,他已经开始向重工业倾斜。在七届二中全会上,毛泽东就非常乐观地认为,在有利的国际形势下,"其中主要地是苏联的援助,中国经济建设的速度将不是很慢而可能是相当地快的,中国的兴盛

[①] 中共中央文献研究室编:《刘少奇传》下,中央文献出版社1998年版,第617页。

是可以计日程功的"①。1949年9月制定的"共同纲领"第35条规定:"关于工业,应以有计划有步骤地恢复和发展重工业为重点","同时,应恢复和增加纺织业及其他有利于国计民生的轻工业的生产,以供应人民日常消费的需要"。②"共同纲领"力图平衡重工业为重心和轻工业为重心两种工业化思路,以及计划和市场两种制度,但在巨大的历史变迁面前,这一平衡点必然要被突破。随着新民主主义计划经济实践中矛盾的滋生和扩大,在不同认识相互冲撞的过程中最终廓清了中国工业化的发展道路,重工业发展道路的提升迅速地突破新民主主义政治经济学说的理论框架。

1949—1952年是新中国国民经济恢复的三年,是新民主主义计划经济实践的三年,也是新民主主义计划经济在实践中出现矛盾并不断转向社会主义计划经济的三年。到1953年,随着重工业化发展战略和过渡时期总路线的提出,新民主主义计划经济也就被社会主义计划经济所取替了。

在三年恢复时期中,新民主主义计划经济的实践并不稳定,这首先表现为国营经济和私人经济之间的矛盾。随着高度集中的财政体制的建立,国营经济获得了很快的恢复和发展。1949年国家没收的官僚资本企业共2858个,产值占工业总产值的26.7%。恢复时期国家对国营经济进行了重点投资,投资额达26.9亿元,占国家全部投资额77.7亿元的34.7%。1952年国

---

① 《毛泽东选集》第4卷,人民出版社1991年版,第1433页。
② 中共中央文献研究室编:《建国以来重要文献选编》第1册,中央文献出版社1992年版,第9页。

营工业总产值达142.6亿元，比1949年增长了2.9倍。①高度集中的财政经济体制和国营经济的这种高速度发展，以及在此基础上国家对社会经济计划作用的加强是符合新民主主义计划经济理论设想的。

与此同时，私人经济的恢复和发展也比较快。在恢复时期，党的领导人对私营经济的发展从政策上给予了充分考虑。1950年4月毛泽东在修改一份发言记录稿时指出，"国营经济是无限制发展"这一点"是长远的事，在目前阶段不可能无限制地发展，必须同时利用私人资本"②。但是，国家对私人经济的发展给予了明显的限制。1950年12月颁布的《私营企业暂行条例》第6条指出："为了克服盲目生产，调整产销关系，逐渐走向计划经济，政府得于必要时制定某些重要商品的产销计划，公私企业均应遵照执行。"③从1949—1952年私营企业发展的统计数字看，加工订货、统购包销以及公私合营的国家资本主义经济发展较快，前者从占1949年工业总数的3.1%上升到占1952年工业总数的11.5%，后者则由11.5%上升到了49.6%，而普通意义上的私人经济则发展非常缓慢，从85.4%下降到38.9%。④这表明，私人经济的发展基本上得力于其在国家计划中的地位及其与国营经济不同形式的合作关系，立足于市场进行生产的私

---

① 中国社会科学院、中央档案馆编：《中华人民共和国经济档案资料选编（1949—1952）·工业卷》，中国物资出版社1996年版，第805、808页。

② 中共中央文献研究室编：《建国以来毛泽东文稿》第1册，中央文献出版社1987年版，第293页。

③ 中共中央文献研究室编：《建国以来重要文献选编》第1册，中央文献出版社1992年版，第516—517页。

④ 中国社会科学院、中央档案馆编：《中华人民共和国经济档案资料选编（1949—1952）·工业卷》工业卷，中国物资出版社1996年版，第809页。

人经济的发展空间是非常小的。陈云在1950年6月的一次讲话中明确地表明了这一点:"我们要搞经济计划,如果只计划公营,而不把许多私营的生产计划在里头,全国的经济计划也无法实现。"①可是,在新民主主义计划经济的实践中,由于私人经济和市场关系的发展同样能够从新民主主义计划经济理论中得到支持,这就不可避免地要引发新民主主义计划经济实践中国营经济、国家的计划倾向与私营经济、自发的市场倾向之间的矛盾,这集中表现在1951—1952年的"三反""五反"运动中。

"三反""五反"运动的直接原因是资本家坑害国家和人民的不法行为,但其深层原因却在于旧中国民族资本的脆弱、畸形导致的市场经济的投机性,以及其与按照国家计划进行生产的国营经济在原料、商品市场等方面的冲突。"三反",特别是"五反"运动对推动中国从新民主主义计划经济向社会主义计划经济的转变起到了重要的作用。第一,为了防止"五毒",政府加强了对私营经济的计划性干预,开始"逐年增加对私营产品的包销订货计划,逐年增加对私营工商业的计划性"②。实质上,这是国家通过行政性的计划力量割断了资本家和市场的关系。第二,明确地把资产阶级和无产阶级的矛盾是中国社会主要矛盾的观点提出来了。1952年6月6日,毛泽东在修改一份关于民主党派工作的文件时明确提出:"在打倒地主阶级和官僚资产阶级以后,中国内部的主要矛盾即是工人阶级与民族资产阶

---

① 中国社会科学院、中央档案馆编:《中华人民共和国经济档案资料选编(1949—1952)·工商体制卷》,中国社会科学出版社1993年版,第41页。
②《毛泽东文集》第6卷,人民出版社1999年版,第201页。

级的矛盾,故不应再将民族资产阶级称为中间阶级。"①"两个阶级"主要矛盾观点的突显,为"社会主义性质"的计划经济彻底代替"资本主义性质"的市场关系的发展,从而为新民主主义计划经济向社会主义计划经济的转变提供了思想基础。

同时,这一矛盾表现在从 1953 年开始出现的国家计划经济和农民市场间的矛盾。国民经济恢复后,随着国家大规模经济建设问题的提出,从 1953 年上半年起粮食问题却越来越严重。根据 1952 年底中财委党组关于迅速准备基本建设的指示,在国家基本建设投资方面,1953 年比 1952 年增加 75%,其中,工业投资将增加 150%。② 在全国大规模开始工业建设的情况下,城镇人口和由国家供应商品粮的人口急剧增加。1953 年我国城镇人口达 7826 万人,在农村里吃商品粮的人口迅速增加到 1 亿人。与此同时,粮食的收购形势却开始恶化。1951—1952 年度公粮和粮食收购占粮食总产量的 28.2%,1952—1953 年度却下降到 25.7%。③ 根据陈云在 1953 年 10 月 16 日全国粮食会议上对 7、8、9 三个月粮食情况的估算,粮食供销的差额为 87 亿斤,如果收购比原计划减少 30 亿斤(仅东北由于水灾计划收购就减少 16 亿斤),差额将为 117 亿斤,而当时国家掌握的出口粮、储备粮、销售粮共计才 96 亿斤。④ 因此粮食形势非常严峻。

---

① 中共中央文献研究室编:《建国以来毛泽东文稿》第 3 册,中央文献出版社 1989 年版,第 458 页。

② 中共中央文献研究室编:《建国以来重要文献选编》第 3 册,中央文献出版社 1992 年版,第 401 页。

③ 薄一波:《若干重大决策与事件的回顾》上卷,人民出版社 1997 年版,第 264—265 页。

④《陈云文选(1949—1956)》,人民出版社 1984 年版,第 203—204 页。

粮食产量自新中国成立以来一直是提高的。1952年粮食产量比1951年增长10.6%，比1949年增长44.8%，超过中国历史上最高年份1936年9.3%。因此，1953年粮食危机的形成，并不是由于粮食产量下降，关键原因在于粮食收购体制。第一，新中国成立初期的粮食体制类似于新经济政策时期的苏联自由市场贸易，农民在完税后可以在市场上自由出售粮食。仅在1952年7月到1953年6月的粮食收购年度内，私商的粮食收购量就占到30.1%。第二，"少征多购"的粮食政策反过来加重了国家对粮食市场的依赖，堵死了"通过增加农业税来增加商品粮收入的道路"①。据1952年11月《中共中央关于农业税收问题的指示》，1953年农业税的控制数字为370亿斤，但到了1953年，根据实际情况，"概略的计算，目前每年国家必须掌握着七百亿斤的商品粮"②，这也就是说，要有330亿斤的粮食通过市场渠道来收购。这就意味着必须要改变新中国成立初期的粮食收购制度，以减少国家用粮对市场的依赖。1953年10月16日，中共中央颁布了《关于实行粮食的计划收购和计划供应的决议》，19日政务院颁布了《关于实行粮食的计划收购和计划供应的命令》和《粮食市场管理暂行办法》。这三个文件标志着我国建立起了粮食统购统销制度。根据这一制度，农民只有在完成粮食税和计划收购粮食后的余粮，才"可以自由存储和自由使用"。同时，"所有私营粮商一律不许私自经营粮食"，只能

---

① 薄一波：《若干重大决策与事件的回顾》上卷，人民出版社1997年版，第266页。
② 中共中央文献研究室编：《建国以来重要文献选编》第4册，中央文献出版社1993年版，第479页。

"由国家粮食部门委托代理销售粮食"。① 粮食统购统销的效果非常明显。在这种情况下,1954年初又对棉花等八种农产品进行了统购统销。至此,农产品的统购统销就成为一种制度。农产品的统购统销建立起了国家对粮食的垄断,基本上割断了农民和市场的直接联系。

国家对农产品的统购统销反映出在新民主主义计划经济下国家的需求和农业自由市场无法满足这一需要的矛盾,面对这一矛盾,统购统销的提出等于把农业关系的彻底变革问题提了出来。"为了确保在低价统派购的条件下农民仍然能把资源投入到国家工业化所需要的农业产品中去,就要求作出一种强制性的制度安排,使国家能够以行政力量直接控制农业的生产。"②这成为后来推动中国通过农业集体化走上制度性积累道路最重要的政治逻辑。

导致新民主主义计划经济中两大矛盾加剧,从而促使新民主主义计划经济向社会主义计划经济转变的根本原因在于中国在20世纪50年代的历史抉择中最终走上了优先发展重工业和以赶超为目标的工业化道路。

新民主主义计划经济为市场关系和资本主义经济的发展留下了理论空间和制度空间,这与这一时期党的领导人关于中国工业化的历史道路是以农业、轻工业为重心,还是以重工业为重心尚没有最终明朗,还在抉择中有根本的关系。在1952年之

---

① 中共中央文献研究室编:《建国以来重要文献选编》第4册,中央文献出版社1993年版,第561、563页。
② 林毅夫、蔡昉、李周:《中国的奇迹:发展战略与经济改革》,上海人民出版社、上海三联出版社1999年版,第48页。

前，对这一问题的认识仍然没有最终统一。1950年5—6月间，刘少奇在《国家工业化和人民生活水平的提高》一文中认为，新中国的工业化"要以主要的力量来发展农业和轻工业，同时，建立一些必要的国防工业。再其次，要以更大的力量来建立我们重工业的基础，并发展重工业。最后，就要在已经建立和发展起来的重工业的基础上，大大发展轻工业，并使农业生产机器化。中国工业化的过程大体要循着这样的道路前进"。在刘少奇看来，这条工业化道路的理论依据在于，"只有农业的发展，才能供给工业以足够的原料和粮食，并为工业的发展扩大市场。只有轻工业的发展，才能供给农民需要的大量工业品，交换农民生产的原料和粮食，并积累继续发展工业的资金"①。这一时期，毛泽东关于中国经济建设的根本思想是"三年准备、十年建设"，但他本人并没有就此展开具体论述。到了1952年后，以重工业为重心的发展道路逐渐成为毛泽东和党的主要领导人关于中国发展的主体思路。薄一波在多年后回顾"一五"计划编制时非常具体地说明了重工业如何成为发展重心的："把一个经济落后的农业大国逐步建设成为工业国，从何起步？这是编制计划之初就苦苦思索的一个问题。有关部门的同志也曾引经据典地进行过探讨，把苏联同资本主义国家发展工业化的道路作过比较，提出过不同的设想。经过对政治、经济、国际环境诸多方面利弊得失的反复权衡和深入探讨之后，大家认为必须从发展原材料、能源、机械制造等重工业入手。"②中财委在1952年9

---

① 中共中央文献研究室编：《建国以来重要文献选编》第1册，中央文献出版社1992年版，第528页。
② 薄一波：《若干重大决策与事件的回顾》上卷，人民出版社1997年版，第298页。

月提出的编制五年计划轮廓的方针中,提出了以重工业为主、以轻工业为辅的建设方针,并估计"一五"期间,1957年的工业总产值要比1952年增加156%,即每年平均增加20%①。1952年12月中共中央颁布了关于国民经济五年计划纲要的指示,指出:"工业化的速度首先决定于重工业的发展,因此,我们必须以发展重工业为大规模建设的重点",必须"首先保证重工业和国防工业的基本建设,特别是确保那些对国家起决定作用的,能迅速增强国家工业基础与国防力量的主要工程的完成"。② 随着重工业化任务的提出,以轻工业为主的工业化道路就显然不合时宜了,成了对抗重工业化的"反动的封建买办的路线","这就是不要中国工业化,农民生活也无法改善,使中国经济不能完全独立,而仍回到殖民地、半殖民地附属国的经济地位,这是便利美蒋的路线"③。

优先发展重工业的工业化路线的形成,一方面促使中国加快了对苏联工业化道路的学习。在这种情况下,党内普遍认为"我们所走的道路,同其他人民民主国家一样,和苏联是相同的,苏联的今天就是我们的明天"④。与此同时,苏共则在经历了复杂的党内斗争后也开始对中国采取援助,积极参与中国的第一个五年计划建设。另一方面,则是开始加强计划机构的行

---

① 中国社会科学院、中央档案馆编:《中华人民共和国经济档案资料选编(1953—1957)·综合卷》,中国物价出版社2000年版,第391页。
② 中共中央文献研究室编:《建国以来重要文献选编》第3册,中央文献出版社1992年版,第449页。
③ 中国社会科学院、中央档案馆编:《中华人民共和国经济档案资料选编(1953—1957)·综合卷》,中国物价出版社2000年版,第6页。
④ 中共中央文献研究室编:《建国以来重要文献选编》第4册,中央文献出版社1993年版,第40页。

政力量,"必须根据计划经济的原则,来组织我们的生产"①。1952年11月底,国家计划委员会成立并逐步取代了中央财政经济委员会的职能,集中进行国民经济重大比例、发展数字的统计和部署。1953年初,中共中央颁布了关于建立计划机构的通知,要求"必须迅速加强计划工作,建立起基层企业和基层工作部门的计划机构",并规定与地方有关的原财经委员会的计划业务,"应受国家计划委员会指导"②。1954年2月,中共中央又颁布了关于建立和充实各级计划机构的指示,要求"把计划机构逐级建立到基层工作部门及基层企业单位",并要求各大行政区、各省(市)、省属市及县(旗)人民政府在1954年6月底以前,至迟在1954年底"设立计划委员会"。③ 从1953—1957年,由国家计划委员会直接掌握的工业品由115种增加到290种,由国家统一分配的物资则由220多种增加到530多种。④ 至此,与重工业化为重心的工业化路线相适应的计划行政机构设置基本完成了。

以重工业为重心的工业化道路的形成适应了20世纪50年代中国的历史环境,并契合、承接了近代以来中国历史发展的主题。但是,如同20世纪20年代的苏联一样,重工业化的历史任务、国家对社会经济资源垄断的加强以及计划机构力量的增长,

---

① 中共中央文献研究室编:《建国以来重要文献选编》第3册,中央文献出版社1992年版,第425页。

② 中共中央文献研究室编:《建国以来重要文献选编》第4册,中央文献出版社1993年版,第62页。

③ 中共中央文献研究室编:《建国以来重要文献选编》第5册,中央文献出版社1993年版,第112、113页。

④ 曾培炎主编:《新中国经济50年:1949—1999》,中国计划出版社1999年版,第56页。

对新民主主义计划经济下私人资本和市场关系调节经济资源的能力构成了严重的威胁,使得新民主主义计划经济所蕴含的矛盾进一步激化。显然,依靠1952年以前调整工商业的政策已经无法解决这些矛盾。剩下的路只有一条,彻底改造资本主义经济和排斥市场关系,从而使新民主主义计划经济转变到社会主义计划经济,这也正是过渡时期总路线在制度变迁中所起的历史作用。"党在过渡时期的总路线的实质,就是使生产资料的社会主义所有制成为我国国家和社会的唯一的经济基础。我们所以必须这样做,是因为只有完成了由生产资料的私人所有制到社会主义所有制的过渡,才利于社会生产力的迅速向前发展。"[1]面对新的历史任务,党在过渡时期的总路线以新的意识形态理论支撑着中国从新民主主义计划经济向社会主义计划经济的制度变迁。1956年底,参照苏联计划经济模式,中国在超越了新民主主义计划经济的内在矛盾后最终通过加速制度性变革的方式确立起了计划经济制度。

总之,在新民主主义政治经济学说中包含着后来计划经济在中国确立的内在张力,无论是关于战后中国市场化发展道路的原初理论设想,还是关于新民主主义计划经济的理论设计,都与中国作为一个落后农业国家的工业化进程的特质以及与当时对苏联计划经济模式的理论信仰存在着历史和思想上的紧张。20世纪50年代中期计划经济在中国的确立正是这一内在张力推动的必然结果。正确理解这一点,对于认识当代中国的市场

---

[1] 中共中央文献研究室编:《建国以来重要文献选编》第4册,中央文献出版社1993年版,第702页。

经济改革非常重要。如果对计划经济的认识是非历史性的,认为计划经济是历史发展中的失误,那么,一个必然结果就是对市场经济改革的非历史性虚构。实质上,如同计划经济的确立是不以人的意志为转移的历史过程一样,从计划经济到市场经济的改革也是一个具有自身历史和思想逻辑的过程。

第六章

新中国成立前夕刘少奇对新中国
社会主要矛盾的新思考

前面的研究已经多处涉及了新民主主义社会的矛盾问题。应该说,这一问题是整个毛泽东新民主主义思想的一个关键性重大问题。在新中国成立前后,也正是在这一问题认识上的变化,从根本上影响了新民主主义思想的历史走向。1949年7月4日,刘少奇在秘密访问苏联期间撰写的《代表中共中央给联共(布)中央斯大林的报告》(本章下称《报告》)是这一认识变化过程中一个重要的文献。从这一文献中刘少奇对新中国成立前后中国社会主要矛盾的思考可以看出对社会主要矛盾的认识及其变化对新民主主义思想历史命运的重大影响。

这一《报告》是近些年来刘少奇思想发展史和中共党史研究领域中一篇广为研究者引用的极其重要的文献资料,也是研究新中国成立前后中国共产党新民主主义思想的一份极为重要的文献资料。《报告》主要是向联共(布)中央和斯大林介绍当时中国革命的发展形势、新中国的政治制度框架和外交基本原则，以及新的中苏条约缔结时中国共产党对一些重要问题的初步态度。这篇文献所以能为研究者广泛重视和引用，除了比较完整、系统地体现出了中国共产党关于新中国建国方略的具体设想外，它还阐述了一个对新中国历史发展至关重要的关于新中国社会主要矛盾的新的理论观点。《报告》指出，新中国社会存在外部和内部两种形式的矛盾和斗争，"所谓外部矛盾与外部斗争，就是它与帝国主义、封建主义、官僚资本主义及国民党残余势力的矛盾和斗争。这在推翻国民党政权以后一个相当长的时期内仍然是存在的，并且仍然是主要的矛盾和斗争"。"所谓内部矛盾和内部斗争，就是人民民主专政内部各阶级各党派之间的矛盾和斗争，这在今后将逐渐加紧，但与外部矛盾比较，在一个相当长的时期内，将仍然处于次要的服从地位"。接着，《报告》用反驳式的讲法说："有人说：'在推翻国民党政权之后，或者说在实行土地改革之后，中国无产阶级与资产阶级的矛盾，便立即成为主要矛盾，工人与资本家的斗争，便立即成为主要斗争。'这种说法，我们认为是不正确的；因为一个政权如果以主要的火力去反对资产阶级，那便是或开始变成无产阶级专政了。"①比较起来，关于新中国社会主要矛盾的这一表述与1948年9月以来刘少奇的认识存在着相当大的出入和分歧，可以说标志着新中国成立前夕刘少奇不主张再沿用他本人在过去十个月来坚持的资产阶级和无产阶级的矛盾是新中国社会的主要矛

---

① 中共中央文献研究室、中央档案馆编：《建国以来刘少奇文稿》第1册，中央文献出版社2005年版，第6、7页。

盾的观点。为什么会出现这种情况？作为新中国成立前刘少奇思想发展和中共党史研究中一个极为重要的问题，这一问题就使得《报告》本身具有了在新民主主义思想史上的独立研究的价值。

一、新中国成立前夕刘少奇对我国社会主要矛盾的探索性思考

前面已分析过，在20世纪40年代中期中国共产党对新中国的蓝图设计中并没有关于未来新民主主义社会主要矛盾或基本矛盾的明确判断，新民主主义社会主要矛盾这一概念的提出及其内涵的确定是1948年下半年后在确定新中国建国方案的过程中形成的。1948年9月初，刘少奇在《论新民主主义的经济与合作社》这篇较早具体研究新民主主义经济的文章中第一次提出了新中国主要矛盾的问题。在这篇文章中，刘少奇这里把新民主主义经济划分为三种具体形态，即国家经济、合作社经济和私人资本主义经济。"这些资本主义成分，即使在新民主主义社会制度下，也必然要与国家经济及合作社经济发生竞争。这种竞争，愈到后来就愈加激烈，并将继续很长的时期。这就是在推翻帝国主义、封建主义及官僚资本主义的统治以后，逐渐发展起来的新社会中的基本的和主要的矛盾。"[1]在随后召开的中央九月政治局会议上，刘少奇在讲话中明确提出和强调了这一观点："在新民主主义经济中，基本矛盾就是资本主义（资本家和富农）与社会主义的矛盾。在反帝反封建的革命胜利以后，

---

[1] 中共中央文献研究室编：《刘少奇年谱(1898—1969)》下卷，中央文献出版社1996年版，第160页。

这就是新社会的主要矛盾。"①刘少奇这里把主要矛盾和基本矛盾在同一意义上使用,强调的都是资产阶级和无产阶级的矛盾。关于刘少奇的这一认识,毛泽东也是同意的,认为在"资产阶级民主革命完成之后,中国内部的主要矛盾就是无产阶级与资产阶级之间的矛盾"②。此后,毛泽东和刘少奇对新中国社会主要矛盾问题的认识表现得非常稳定。

1949年3月,毛泽东在七届二中全会的讲话中再次申明新中国社会的主要矛盾是资产阶级和无产阶级的矛盾,随后这一观点被写进了党的七届二中全会决议,标志着党内在新中国社会主要矛盾的问题上统一了认识。1949年4—5月,刘少奇在视察天津城市工作的多次讲话中虽然主旨在于防止过早提出消灭资本主义和资产阶级的"左"倾错误,但仍然坚持已经形成的关于新中国社会的主要矛盾或基本矛盾的认识,指出:"除开国外矛盾,单就国内矛盾来说,无产阶级与资产阶级的矛盾的确是基本的矛盾。"③《刘少奇选集》上卷收入了一篇题为《关于新中国的经济建设方针》的文章,根据编者的题解,"这是一份党内的报告提纲"。而《刘少奇年谱》所记载的1949年6月谱主的活动是:"为准备访问苏联,与苏共中央领导人会谈,就新中国的经济建设方针问题撰写报告提纲。"④这也就是说,《关于新中

---

① 中共中央文献研究室编:《刘少奇年谱(1898—1969)》下卷,中央文献出版社1996年版,第161页。

②《毛泽东文集》第5卷,人民出版社1996年版,第145页。

③ 中共中央文献研究室编:《刘少奇年谱(1898—1969)》下卷,中央文献出版社1996年版,第208页。

④ 中共中央文献研究室编:《刘少奇年谱(1898—1969)》下卷,中央文献出版社1996年版,第215页。

国的经济建设方针》这篇文章是刘少奇为准备访苏、会见斯大林就一些关于新中国建国的重大问题在党内高层进行报告时所写的讲话提纲。在这份讲话提纲中讲到新中国社会的主要矛盾时,刘少奇说:"新民主主义经济的内部,是存在矛盾和斗争的,这就是社会主义的因素和趋势与资本主义的因素和趋势之间的斗争,就是无产阶级与资产阶级的斗争。这就是在消灭帝国主义势力及封建势力以后,新中国社会内部的基本矛盾。"①显然,从1948年9月到1949年6月访苏前,刘少奇在新中国社会主要矛盾问题的认识上并没有发生框架式的偏移和变化。由此看来,前引《报告》关于新中国社会主要矛盾的表述与此前刘少奇对同一问题的认识是直接矛盾的。

　　1949年6月26日,刘少奇抵达莫斯科。《刘少奇年谱》下卷记载1949年7月2日谱主的活动:"致电中共中央,请示可否以书面报告方式向斯大林通报情况等问题。"7月3日谱主的活动:"接毛泽东复电:同意以书面报告的方式向斯大林通报国内情况、提出问题和征询意见。"②据师哲回忆,建议提交书面报告的是王稼祥:"王稼祥建议少奇就中国问题写一个书面报告,这既能使会谈有所依循,又可以把问题谈得更有系统。"③上述材料表明,《报告》并不是事先准备好的,而是在王稼祥的建议下临时在莫斯科撰写的,毛泽东本人也同意刘少奇以书面的形式向斯大林报告中共关于新中国的建国构想。但从目前的研究资

---

① 《刘少奇选集》上卷,人民出版社1981年版,第427页。
② 中共中央文献研究室编:《刘少奇年谱(1898—1969)》下卷,中央文献出版社1996年版,第217页。
③ 师哲口述、师秋朗笔录:《我的一生——师哲自述》,人民出版社2001年版,第294页。

料来看,还无法断定毛泽东是否事前知道刘少奇的《报告》内容以及他的反应。问题的关键是,为什么刘少奇没有直接沿用过去十个月的时间里对新中国社会主要矛盾的认识,而是采取了完全相反的表述,把与帝国主义、封建主义、官僚资本主义及国民党残余的矛盾看作为"一个相当长的时期内"新中国社会"主要的矛盾和斗争",而新中国人民民主专政政权下无产阶级与资产阶级的矛盾只是"处于次要的服从地位"?

二、新中国成立前夕刘少奇探索我国社会主要矛盾的逻辑依据

从1948年9月以来,刘少奇一直是把资产阶级和无产阶级、资本主义和社会主义的斗争作为新中国社会主要矛盾这一观点的主要提倡者和诠释者,但刘少奇这一观点形成的依据主要是列宁的过渡时期理论和苏联的过渡经验。1949年2月3日秘访西柏坡的米高扬在同刘少奇谈话后给联共中央的电报材料可以表明这一点:"刘少奇声称,他们将以没收官僚资本为借口去没收买办资产阶级的企业。至于民族资产阶级私营企业的问题,则等到一二年后,他们制定国有化计划时再解决。""刘少奇强调说'我们牢记列宁的教导:小资产阶级经济是产生资本主义的源泉'","向社会主义过渡将具有时间的长期性和斗争的艰巨性这两个特点。我们目前也面临着列宁曾经提出的'谁战胜谁'的问题"。[①] 对列宁过渡时期理论和苏联过渡经验的参照与刘少奇同一时期强调的新中国的主要任务是发展经济和实现工业化的认识客观上形成了矛盾。对主要矛

---

① A.M.列多夫斯基:《斯大林与中国》,陈春华、刘存宽等译,新华出版社2001年版,第84—85页。

盾的认识是连接对历史发展阶段的判断与党的政治任务的直接理论基础,如果把资产阶级和无产阶级的矛盾作为新中国社会的主要矛盾,那么党的政治任务只能是随之去解决这一矛盾,即通过消灭资产阶级向社会主义过渡,而不可能把新中国的经济建设置于核心地位。1949年3月底,中共中央迁入北京后,在调查北京、天津等地城市工作经验的基础上,特别是通过4—5月对天津城市工作的视察和指导,刘少奇对于城市工作中存在的要求消灭资本主义经济和消灭资产阶级的"左"的倾向有了更多的实践性体会。固然,这与具体工作中的政策把握有关,但从根本上讲却与他对新中国社会主要矛盾的理论认识存在着关联。从"天津讲话"的内容看,刘少奇一方面批评"左",另一方面又维护关于新中国社会主要矛盾是资产阶级和无产阶级的矛盾这一认识。如果说,党的七届二中全会强调资产阶级与无产阶级的矛盾是新中国社会的主要矛盾已经使新中国的社会发展趋势出现了"一种两重性,一方面贯彻新民主主义社会论的观点,并且使它更加具体化了;另一方面开始了放弃'新民主主义论'的苗头,或开始作放弃'新民主主义论'的准备"①,那么可以说,在"天津讲话"中,刘少奇已经客观上处于这种两重性的矛盾之中了。也就是说,要在理论上坚持资产阶级和无产阶级两个阶级的矛盾是新中国社会的主要矛盾,那么党要执行保护私人资本主义工商业的新民主主义政策在根本上就是不可能的,最多只能是权宜之计。这样,重新思考新中国社会的主要矛盾的问题事实上已经提到了刘少奇面前。

---

① 于光远著述、韩钢诠注:《"新民主主义社会论"的历史命运——读史笔记》,长江文艺出版社2005年版,第100页。

从 5 月 10 日回到北京后到抵达莫斯科秘访期间，没有直接的材料可以具体详细说明刘少奇什么时候重新对新中国社会的主要矛盾进行了思考以及思考的程度和结果，但可以肯定《报告》中关于新中国社会主要矛盾的新表述是刘少奇近两个月来重新思考的产物。上文提到，刘少奇在赴苏前夕曾有一份为访苏做准备的党内报告提纲，这份报告提纲是判断刘少奇关于新中国社会主要矛盾认识走向的一个非常重要的资料。第一，虽然提纲沿用了此前关于新中国社会主要矛盾的认识框架，但表述却出现了细微的变化，强调的不再是资产阶级和无产阶级、资本主义和社会主义的矛盾，而是"社会主义的因素和趋势与资本主义的因素和趋势之间的斗争"。这虽然还没有否认资产阶级与无产阶级的矛盾是新中国社会的主要矛盾，但"因素"和"趋势"这两个概念则把这一矛盾放置到了一个长远的历史背景中来观察，而不是把它看作一个已经提上日程的政治任务。这样，就能够理解刘少奇在提纲中高度突出了向资本主义进攻和向社会主义过渡的条件性，把重点放到了反对"过早地、过多地、没有准备地去采取社会主义的步骤"①。第二，尽管这是一份党内报告提纲，但从相关的重要文献材料看，没有任何关于这次党内报告会议的文献记载，这次会议似乎并没有召开过。由金冲及和黄峥主编、中央文献研究社编辑出版的《刘少奇传》也只是提到："六月中旬（1949 年——引者注），刘少奇在参加新政协筹备会议后（即 1949 年 6 月 15—19 日召开的新政协筹备会第一次全体会议——引者注）就启程前往苏联。行前，毛泽东

---

① 《刘少奇选集》上卷，人民出版社 1981 年版，第 430 页。

在中南海颐年堂同刘少奇、王稼祥一起商定中共代表团的工作方针。"①这也就可以说,这份党内报告提纲的内容可能并没有经过党内高层的集体讨论研究并最终定调,这就使刘少奇有可能根据自己后来的反思性认识在《报告》中重新表述对新中国社会主要矛盾的看法。但在1949年7月18日刘少奇、高岗、王稼祥三人联合署名的《关于中共中央代表团与联共(布)中央斯大林会谈情况给中央的电报》中并没有出现这个关于新中国社会主要矛盾的新提法。② 合理的解释是,第一,斯大林在接见中共代表团时所关注的主要是中共对苏联的态度和中共关于新的中苏条约的意见,在1948年以来南斯拉夫"民族主义"的刺激下,可以想象斯大林在面对冲破英美苏《雅尔塔协议》关于远东势力范围划分、建立了一个新的革命国家的中共时对这两个问题的高度敏感性。在刘少奇的《报告》中讲到人民民主专政是"向帝国主义、封建势力与官僚资本势力专政"的地方,斯大林在"官僚资本"下划了着重线,并批注:"什么是官僚资本"③。很难想象一个对"官僚资本"及其与民族资本的区别都不甚清楚的人会对新民主主义基本矛盾有理论兴趣,因此斯大林并没有过多地关注刘少奇在《报告》中对新中国社会主要矛盾问题的表述也就可以理解了。第二,刘少奇在《报告》中关于新中国社会主要矛盾的新认识本身还是有历史限度的,把与帝国主义、

---

① 中共中央文献研究室编:《刘少奇传》下,中央文献出版社1998年版,第646页。

② 中共中央文献研究室、中央档案馆编:《建国以来刘少奇文稿》第1册,中央文献出版社2005年版,第30—39页。

③ A. M. 列多夫斯基:《斯大林与中国》,陈春华、刘存宽等译,新华出版社2001年版,第105页。

封建主义、官僚资本主义及国民党残余的矛盾作为"一个相当长的时期内"新中国社会的主要矛盾,在理论解释上仍然有令人疑惑的地方,既然是"残余",又怎么能够上升到"主要矛盾"的地位? 从刘少奇"立即"这个时间副词的两次使用看,他对新中国社会主要矛盾的认识仍然在进一步的探索中。不过,毫无疑问,《报告》成为刘少奇对新中国社会主要矛盾认识过程中一个极其重要的转折点,也是新民主主义思想发展史上一个极其重要的转折点。

三、新中国成立前夕刘少奇对我国社会主要矛盾思考的意义

根据中共中央文献研究室编《刘少奇年谱》提供的资料来看,从1949年8月28日晚返回北京到1952年"三反""五反"运动之前,刘少奇没有再强调过与帝国主义、封建主义和官僚资本主义残余的斗争是新中国社会主要矛盾的观点,甚至没有再使用过"主要矛盾"或"基本矛盾"的概念,而着力强调的是新中国经济建设的重要性和长期性。此时刘少奇力图把相对独立的新民主主义经济建设作为党的政治任务提供新的理论依据。1949年8月28日,刘少奇回国途中在中共中央东北局会议上的讲话中指出:"在国内,只要第三次世界大战不爆发,我们的任务就一直是经济建设,使中国工业化。""我们要在相当长时期内和资产阶级合作,所以不能建立无产阶级专政而只是人民民主专政。"[①]1951年2月28日,在北京市第三届人民代表会议上的讲

---

① 中共中央文献研究室编:《刘少奇年谱(1898—1969)》下卷,中央文献出版社1996年版,第222页。

话中,刘少奇指出:"经济建设现已经成为我们国家和人民的中心任务。"①1951年7月5日,在向马列学院第一班学员做报告的提纲中,刘少奇写道:"为了使落后的经济和文化提高一步,应该而且可能团结民族资产阶级","在建设时期,除开必要的国防外,一切工作和其他建设均配合经济建设。一切以经济建设为中心"。② 这一时期刘少奇不再使用"主要矛盾"或"基本矛盾"这样的概念表明,他不仅客观上认识到《报告》中关于新中国社会主要矛盾新表述的理论不足,而且试图去克服这种不足。虽然当时的历史条件还不允许刘少奇把人民群众日益增长的物质文化需要与这种需要不能被满足之间的矛盾作为新中国社会的主要矛盾,但无疑刘少奇已经沿着这个方向迈出了重要的一步。

综上考述,《报告》中关于新中国社会主要矛盾问题的表述在新中国成立前后刘少奇思想的发展过程中绝不是唐突的,而是有着重大的意义。第一,这是自1949年3月底以来在调查和指导城市工作的过程中刘少奇个人重新反思的结果;第二,这标志着刘少奇放弃了过去坚持的认识,成为刘少奇对新中国社会主要矛盾问题新的思考起点,但这仅仅是重新认识新中国社会主要矛盾的开始,由于当时历史和理论条件的限制,最终还没有形成严整科学的新认识;第三,由此,新中国成立前后刘少奇关于经济建设和国家工业化是新中国的中心任务以及关于巩固新

---

① 中共中央文献研究室、中央档案馆编:《建国以来刘少奇文稿》第3册,中央文献出版社2005年版,第128页。

② 中共中央文献研究室、中央档案馆编:《建国以来刘少奇文稿》第3册,中央文献出版社2005年版,第538、539页。

民主主义社会制度的设想就缺失了坚实的理论支撑,在后来的"三反""五反"运动中,刘少奇最终又重新接受了关于资产阶级和无产阶级的矛盾是新中国社会主要矛盾的认识[1],随之也放弃了前一段时间里反复强调的关于巩固和发展新民主主义的设想;第四,半殖民地半封建中国社会中形成的资产阶级及其与无产阶级的政治关系带有与欧洲和俄国不同的历史特殊性,认识这种特殊性不仅是新民主主义革命进程中一个重大的理论和实践问题,而且也是新中国建立后一个重大的理论和实践问题。刘少奇在《报告》中所说的"在中国,除开帝国主义的走狗蒋介石国民党而外,还没有最后地形成民族资产阶级的政党,没有欧洲国家所有的那种顽固的资产阶级政党"[2],其实已经开始在新的历史条件下涉及了这一历史特殊性,已经出现了把中国无产阶级与资产阶级的矛盾作为人民内部矛盾来认识的思想萌芽。《报告》否认了资产阶级与无产阶级的矛盾是新中国社会的主要矛盾,是对这一历史特殊性的最初理论反映,是在新的历史条件下对中国资产阶级与无产阶级特殊关系的进一步探索,在中国共产党新民主主义思想史上具有深远的理论意义。

---

[1] 参见中共中央文献研究室、中央档案馆编:《建国以来刘少奇文稿》第4册,中央文献出版社2005年版,第309—310页。
[2] 中共中央文献研究室、中央档案馆编:《建国以来刘少奇文稿》第1册,中央文献出版社2005年版,第9页。

第七章

共产党情报局与从新民主主义到社会主义过渡的国际环境

一般情况下,我们可以把毛泽东新民主主义思想分为两个基本的组成部分,一是新民主主义革命理论,一是新民主主义社会理论。前者回答的是在中国这样一个落后的东方大国中国共产党如何领导资产阶级民主革命取得胜利的问题,后者回答的是在新民主主义革命胜利后中国共产党如何建立一个新民主主义社会并推动中国向社会主义过渡。更具体来说,作为毛泽东新民主主义理论的重要组成部分,新民主主义社会理论以半殖民地半封建中国的历史实际为着眼点,从理论上系统地解决了中国社会发展中资本主义与社会主义、资产阶级与无产阶级的特殊关系,形成了包括资产阶级在内的多阶级联合专政的新民主主义政治发展体制和包括私人资本主义经济在内的多种经济成分混合发展的新民主主义经济发展体制,从而建构起一个革命后中国社会发展和向社会主义过渡的特殊模式。这一模式的核心在于以下两个方面：一是从半殖民地半封建中国历史实际出发高度肯定了资本主义在战后中国经济社会发展中的重要意义，并将中国的社会主义前途放置到了一个较长的历史图景之中。二是发展多个阶级联合的民主，而不是一个阶级、一个政党的专政。但是，新民主主义社会理论在新中国成立后并没有能够长期坚持下去，新中国建国不久很快就提前结束了新民主主义的发展阶段，开始以苏联模式为参照开始向社会主义过渡，这也就是中国共产党历史上著名的新民主主义社会被放弃的问题。关于这一问题，党史学界已经有许多的研究[①]，但现有研究中却忽视了一个重要的因素，就是成立于1948年的欧洲九国共产党和工人党情报局，即共产党情报局，对中国共产党和毛泽东新民主主义思想的影响。[②] 联系着共产党情报局的主要活动期涵盖了中国革命的最后发展阶段、新中国建国方案的确定时期和从新民主主义向社会主义过渡的开始时期来看，共产党情报局对新中国成立前后新民主主义社会理论历史走向的影响客观上是不能忽视的。因此说，共产党情报局的活动及其对中国共产党的影响应该说是新民主主义思想研究史上的一个极其重要的问题。

[①] 参见封来贵：《改变抑或放弃——国内关于毛泽东不再使用"马克思主义中国化"提法的原因研究综述》，载《毛泽东思想研究》2012年第2期。

[②] 关于这一问题，笔者近些年来做了一些研究，可参见拙著《中国特色社会主义的思想起源》（中国社会科学出版社2017年版）及《"欧洲共产党情报局"与中国共产党的关系研究》（陕西人民出版社2012年版）中的相关内容。

一、共产党情报局关于"两个阵营"时代理论的提出及其对新民主主义社会理论的影响

新民主主义社会理论能够在 20 世纪 40 年代中期形成并不断成熟是与当时的具体历史条件分不开的,特别是与美苏在"二战"时期形成的战略同盟关系是分不开的。"二战"时期美苏之间战略同盟关系的形成,使十月革命以来世界范围内的社会主义与资本主义"两个主义""两种制度""两条道路"的关系开始从长期的对抗转向妥协与合作,这一特定的国际政治环境成为包括中国在内的殖民地半殖民地国家探索本国发展的既非西方资本主义又非苏联式社会主义道路的极其重要的外部条件。

1940 年初毛泽东在《新民主主义论》中阐述新民主主义国家建构的时代意义时指出,"一切殖民地半殖民地国家的革命,在一定历史时期中所采取的国家形式,只能是第三种形式,这就是所谓新民主主义共和国。这是一定历史时期的形式,因而是过渡的形式,但是不可移易的必要的形式"[1]。毛泽东在这里把新民主主义国家理解为介于资本主义与社会主义之间的"第三种形式",这在客观上折射出当时以美苏合作为基础的相对宽松的国际政治环境。正是在这一环境中毛泽东形成了中国向社会主义的过渡比起"经济高度发达的国家,很可能要晚相当长的时间"[2]的判断,这一判断为新民主主义社会理论的形成和发展提供了政治空间。1945 年 5 月,毛泽东在七大报告中高度肯

---

[1]《毛泽东选集》第 2 卷,人民出版社 1991 年版,第 675 页。
[2]《毛泽东文集》第 3 卷,人民出版社 1996 年版,第 183 页。

定"新民主主义的资本主义"在战后中国社会发展中的革命性作用以及战后中国走新民主主义发展道路的历史必由性,也是以对战后美苏合作和大国团结的判断作为其重要基础的。

"二战"期间的美苏战略同盟建立在两个基础之上,一是反法西斯主义符合双方的共同利益,一是从德黑兰会议、雅尔塔会议到波茨坦会议所达成的一系列关于战后世界政治安排和利益划分的协定。尽管美苏在战后初期都试图把战时的同盟关系延续下去,但是由于这两个基础都是确立在具体的利益基础之上,双方在意识形态和价值观领域中的问题并没有从根本上解决。因此战后在具体实现利益协定的过程中,双方在欧洲、中东、远东矛盾的不断滋生和扩大推动着美苏的战时同盟关系逐渐开始破裂,进入了以集团性对抗为主要特征的冷战状态。战后苏美关系的变化逐渐开始改变了维系新民主主义社会理论的国际政治环境。

从抗战结束到共产党情报局成立前,中国共产党在独立自主地领导中国革命发展的过程中形成了自身对国际政治的独特认识。1946 年 4 月毛泽东提出了著名的"中间地带"理论。毛泽东指出:"美国和苏联中间隔着极其辽阔的地带,这里有欧、亚、非三洲的许多资本主义国家和殖民地、半殖民地国家。美国反动派在没有压服这些国家之前,是谈不到进攻苏联的。"①毛泽东"中间地带"理论强调在美苏关系妥协的背景下中国革命并不需要进行国内的妥协,中国共产党仍然应该坚持独立自主的革命斗争,这是对美苏关系及其对中国革命影响的一个非常

---

① 《毛泽东选集》第 4 卷,人民出版社 1991 年版,第 1193 页。

可贵的认识。尽管与之前毛泽东对美苏关系的判断有明显的不同,但"中间地带"理论并不强调美苏矛盾是世界政治的主要矛盾,这一点应该是与之前毛泽东对国际政治的认识相同的地方。在共产党情报局成立前,毛泽东还在继续强调新民主主义社会的革命前途,一个重要的因素就是仍然试图在"中间地带"理论的基础上使中国走一条如《新民主主义论》中所讲的第三条道路。但是1947年底1948年初后,随着中国革命的迅猛发展,面对美国对中国革命的敌视和美苏冷战的发展,毛泽东在思考新中国国际环境的过程中逐渐开始接受了共产党情报局"两个阵营"的理论。毛泽东对"两个阵营"理论的接受,不仅仅是改变了在此之前中国共产党对国际政治和时代发展的认识,同时,也由此带来了整个新民主主义社会理论历史走向的变化。

1948年11月,共产党情报局机关刊物发表了毛泽东的《全世界革命力量团结起来反对帝国主义的侵略》一文。这篇文章在中国共产党思想史上的意义在于,毛泽东在接受了"两个阵营"观点的基础上否定了任何意义上的中间道路的可能性,指出自十月革命以来,"三十一年的历史难道没有证明:一切既不满帝国主义,又不满苏联的人们,一切企图站在帝国主义者的反革命战线和反帝国主义及其在各国的走狗的人们的革命战线之间的所谓'中间路线',所谓'第三条道路'的彻底虚伪和彻底破产吗?"[①] 1949年6月在《论人民民主专政》中毛泽东则明确地宣布向苏联为首的社会主义阵营"一边倒"的同时,指出:"一边倒,是孙中山的四十年经验和共产党的二十八年经验教给我们

[①] 解放社编:《国际主义与民族主义》,东北新华书店1949年版,第2页。

的,深知欲达到胜利和巩固胜利,必须一边倒。积四十年和二十八年的经验,中国人民不是倒向帝国主义一边,就是倒向社会主义一边,绝无例外。骑墙是不行的,第三条道路是没有的。我们反对倒向帝国主义一边的蒋介石反动派,我们也反对第三条道路的幻想。"①被毛泽东所否定的"中间路线"和"第三条道路",不仅是指战后初期中国的民主党派在国共两党之外提出的建国主张,在更广意义上或者说在更重要的意义上,包括了介于资本主义和苏式社会主义之间的新民主主义社会发展道路。东欧国家在"两个阵营"理论基础上放弃前一时期的"人民民主道路"开始与苏联制度一体化,表明"两个阵营"理论不仅是一种对世界政治发展的认识,而且是与对战后发展道路的抉择直接联系在一起的。"两个阵营"理论与苏联模式之间存在着内在的关联,只有在"两个阵营"非此即彼的选择中才能形成对苏联社会主义建设经验"唯一正确的科学的观点,认为苏联社会主义建设的经验反映了对社会进行社会主义改造的共同规律"②。从这个意义上说,战后美苏关系的对立以及作为这一对立理论表现形式的"两个阵营"理论改变了维系新民主主义社会理论的国际政治环境。对中国共产党来说,接受"两个阵营"理论的过程不得不同时也是客观上开始在思想上放弃新民主主义社会理

---

① 《毛泽东选集》第4卷,人民出版社1991年版,第1472—1473页。在毛泽东这篇文章原稿中这一段话后面还有一句话:"不但中国,全世界也一样,不是倒向帝国主义,就是倒向社会主义,绝无例外。中立是伪装的,第三条道路是没有的。"这句话在后来出版《毛泽东选集》第4卷时被删除了。参见毛泽东:《论人民民主专政》,载《人民日报》1949年7月1日。

② 鲍·尼·波诺马辽夫主编:《苏联共产党历史》,莫斯科:外国文书籍出版社1960年版,第670页。

论和向苏联模式靠拢的过程。

　　共产党情报局提出的"两个阵营"理论在苏联模式向中国扩展的过程中产生了重要的影响。在美苏冷战的条件下,一定意义上说,接受了"两个阵营"理论就意味着为苏联模式在本国的扩展打开了大门。既然中国共产党从理论上认可了中国革命是世界社会主义阵营"对于世界帝国主义阵营所进行的总的斗争的结果之一部分"①,那么苏联模式在中国的推广和确立就具备了意识形态上的依据。1954年9月,刘少奇在一届人大一次会议上所做的《关于中华人民共和国宪法草案》的报告中指出:"我们所走的道路就是苏联走过的道路,这在我们是一点疑问也没有的。苏联的道路是按照历史发展规律为人类社会必然要走的道路。要想避开这条道路不走,是不可能的。"②对"两个阵营"理论的接受在推动东欧国家向苏联模式制度转型的同时,也使得苏联模式在中国的确立成为一个不可避免的结果。

二、共产党情报局对南斯拉夫共产党民族主义的大批判及其对新民主主义社会理论的影响

　　新民主主义社会理论是中国共产党建党以近代以来中国社会发展的历史逻辑为着眼点,在马克思主义社会发展理论指导下,把马克思主义与中国社会发展实际相结合所提出的特殊的社会形态理论。关于这一点,毛泽东在党的七大上指出:"中国

---

　　① 中共中央文献研究室编:《建国以来毛泽东文稿》第1册,中央文献出版社1987年版,第24页。
　　② 《中华人民共和国第一届全国人民代表大会第一次会议文件》,人民出版社1955年版,第26页。

的历史将形成中国的制度,在一个长时期中,将产生一个对于我们是完全必要与完全合理同时又区别于俄国制度的特殊形态,即几个民主阶级联盟的新民主主义的国家形态与政权形态。"① 这也就是说,新民主主义社会理论必须要以中国共产党在坚持马克思主义的同时不断民族化为前提,只有这样才能为探索自身的发展道路提供宽广的意识形态空间。② 正是由于新民主主义社会理论的构建与中国共产党的不断民族化内在地联系在一起,因此刘少奇在党的七大报告中把包括新民主主义社会理论在内的整个毛泽东思想称作"马克思主义民族化的优秀典型"③。

但是,1948年后,苏联控制下的共产党情报局对南斯拉夫共产党民族主义的批判,极大地压缩了新民主主义社会理论的意识形态空间。南共是"二战"期间欧洲范围内唯一的同时应对了盟国和苏联的双重压力,把国内的反法西斯主义斗争与争取社会主义的斗争结合起来,独立自主地以自身的力量获得了国家政权的共产党,但由此也形成了后来苏南矛盾和冲突的根源。不管什么样的具体因素导致了苏南之间的矛盾和冲突,其

---

① 《毛泽东选集》,东北书店1948年版,第317—318页。
② 这一点始终是苏共指责中国共产党民族主义的最重要的表现。直至20世纪80年代,苏联有关中苏关系的著作评论毛泽东的新民主主义理论时,仍然认为"毛泽东坚决提出这样一种思想:中国过渡到建设社会主义,那是十分遥远的事。在社会主义问题提到日程之前,中国应当经过相当长一段'新民主主义'时期",这是"1945至1949年间中共领导人的反苏民族主义表现"。(奥·鲍·鲍里索夫、鲍·特·科洛斯科夫:《苏中关系:1945—1980》,肖东川、谭实译,生活·读书·新知三联书店1982年版,第101页)这表明,在苏共的正统理论中,始终没有承认过新民主主义社会理论的科学性。
③ 《刘少奇选集》上卷,人民出版社1981年版,第333页。

实质却在于执政的南共所代表的民族利益与苏联的大国利益之间的尖锐冲突①。面对南共一系列的"擅自行动"对苏联在东欧的外交目标和安全体系的威胁,通过批判南共的民族主义来抑制东欧国家的离心倾向,把东欧国家的政治行动限制在苏联外交政策的框架内就成为共产党情报局的重要政治任务。共产党情报局对南共民族主义的批判,对整个战后世界社会主义运动产生了严重的消极影响。这一批判的背后实质上反映的是苏联主导下社会主义体制和社会主义阵营的一个内在政治逻辑,即乔治·凯南在《苏联行为的根源》中所分析的:"苏联的权力概念,不允许在党外存在任何组织中心,要求党的领导在理论上保持唯一真理库的地位。因为如果在哪里都能找到真理,那就会为有组织的活动找到正当理由。显然,这正是克里姆林宫现在和将来都不会允许的。"②

1948年6月,共产党情报局在罗马尼亚布加勒斯特举行第二次会议,通过了《情报局关于南斯拉夫共产党情况的决议》,决议把南斯拉夫一系列不同于苏联的内政外交政策冠以"资产阶级民族主义"的概念严厉批判,指出南共"已经走上了脱离反帝国主义的统一的社会主义阵营,走上了叛卖劳动人民国际团结的事业的道路,采取了民族主义的立场"③。这次会议决定把南共开除出共产党情报局。但面对南共的不屈服,1949年11月共产党情报局在匈牙利布达佩斯召开第三次会议,进一步抬

---

① 费尔南多·克劳丁:《共产主义运动——从共产国际到情报局》下册,中共中央党校外文组译,求实出版社1982年版,第185—190页。
② 齐世荣主编:《当代世界史资料选辑》(第一分册),北京师范大学出版社1990年版,第102页。
③《共产党情报局会议文件集》,人民出版社1954年版,第48页。

升了对南共的批判。罗马尼亚共产党总书记格·乔治乌－德治在会议上做了《南斯拉夫共产党在杀人犯和间谍掌握之中》的报告。这一报告除了批判和讨伐南共外,特别指明这不仅仅是对一个具体的共产党的组织处理,而且有着对整个社会主义运动重要的理论意义。这一意义在于:第一,对苏联的态度问题是判断国际主义的根本标准,"忠于社会主义祖国——苏联,乃是国际主义的试金石和准绳","凡是陷入反苏主义泥潭的人都不免有滚上资产阶级民族主义道路的危险";第二,反对南共铁托集团的斗争"显然具有国际的意义",因此反对和批判南共"是各国共产党和工人党的国际职责"。① 在德治报告的基础上,共产党情报局第三次会议决议指出,南斯拉夫"已由资产阶级民族主义立场完全转到法西斯主义和公开出卖南斯拉夫民族利益的立场上去了",已经"落入人民公敌的凶手和间谍手中"。②对南共的两次批判使东欧各国产生了强烈的政治震动。东欧各党开始大规模的党内清洗,从1948年到1952年,各党中被清洗的党员总数约为250万③,许多党的领导人被指责犯了民族主义错误纷纷被撤职或被绞死。1948年9月,波兰的哥穆尔卡被撤职。1949年6月,保加利亚的科斯托夫被公开审理,并于12月被绞死。最著名的是1949年9月对被控与铁托勾结的匈牙利拉伊克的审判,这一审判牵连广泛,有4000名前社会民主党党员被清洗,35万人被开除出匈牙利工人党,15万人被关进监狱,

---

① 《共产党情报局会议文件集》,人民出版社1954年版,第118—119、132页。
② 《共产党情报局会议文件集》,人民出版社1954年版,第68、72页。
③ 费尔南多·克劳丁:《共产主义运动——从共产国际到情报局》下册,中共中央党校外文组译,求实出版社1982年版,第220页。

2000人被处决。其中包括3位总书记,1位总统,几位副总理,几十位部长和党的高级领导人,100名将军。东欧党内掀起的这次清洗,一直持续到1952年,以惊人的相似性重复了20世纪30年代苏联"清洗者清洗人"和"清洗者被清洗"的历史过程。①

在斯大林和共产党情报局推动东欧国家清洗铁托主义分子的过程中,面对中国革命的不断胜利,其对中国共产党内出现铁托主义分子的担心也开始不断加剧。1949年3月,美国作家斯诺发表了《中国会成为苏联的卫星国吗?》一文,在该文中斯诺明确地把毛泽东比喻为中国的铁托,指出在毛泽东的领导下,"中国将成为第一个共产党治理下,不跟莫斯科指挥棒转的大国"②。同样是1949年3月,美国《工人日报》将七届二中全会后中国共产党的城市政策解释为"提前欢迎铁托主义"③。这无疑加重了斯大林的疑虑,甚至是比东欧更加忧虑。因为"苏联没有直接参与中国内战,甚至在内战刚开始的时候还限制毛泽东领导的中国共产党力量的发展,但是后来,苏联为中国共产党提供了援助,并全力支持毛泽东领导的新政权。的确,共产党在一个有着五亿多人口的大国里取得胜利,极大地增加了苏维埃集团的力量。但是,这也带来了一些严重的问题:中国不能被指望像保加利亚或捷克斯洛伐克那样起到苏联卫星国的作用,而

---

① 高敬增:《试论九国共产党情报局的功过和经验教训》,载《中央社会主义学院学报》1996年第1期;本·福凯斯:《东欧共产主义的兴衰》,张金鉴译,中央编译出版社1998年版,第97—102页。关于东欧各国党内清洗的具体情况,也可参见孔寒冰:《东欧史》,上海人民出版社2010年版,第320—335页。在这里,作者翔实地介绍和分析了东欧各国党内清洗的发动、主要案件及其造成的严重后果。
② 刑和明:《中共眼里的苏联模式》,福建人民出版社2006年版,第57页。
③ 沈志华、杨奎松主编:《美国对华情报解密档案(1948—1976)》(1),东方出版社2009年版,第564页。

事实上,共产党世界有了第二个领导中心"①。在这种背景下,中国共产党自然也就不可能自外于共产党情报局掀起的这场对南共民族主义的批判。出于对中国革命发展形势的判断以及维护苏共的威望和消除斯大林对中国共产党"民族主义"的担心,中国共产党也加入了对南共民族主义的批判之中②。后来,毛泽东提到这件事时说,中国革命胜利前"斯大林曾把铁托看作是帝国主义的代理人,把南斯拉夫共产党开除出情报局。我们党取得新民主主义革命胜利之后,斯大林并不把我们看作是共产主义者,而是把我们看作属于铁托一类的人,说我是半个铁托"③。

1948年7月10日,中共中央通过了《关于南斯拉夫共产党问题的决议》,决议肯定了共产党情报局第二次会议关于南共问题的决议,批评南共领导人"违反了马克思列宁主义的基本观点",并认为南共的事情并不是偶然的,而是"阶级斗争在无产阶级革命队伍中的反映"。④8月4日,中共中央修改并转发了中共东北局《关于学习中央〈关于南斯拉夫共产党问题的决

---

① 尼古拉·梁赞诺夫斯基、马克·斯坦伯格:《俄罗斯史》,杨烨、卿文辉译,上海人民出版社2007年版,第517页。

② 薛衔天、李福生:《关于中共批判南共民族主义问题》,载《中共党史研究》2004年第1期。毛泽东在1948年9月中央政治局会议上说:"又说民族主义,又说民族独立;又说南斯拉夫是反对的民族主义,过去我们也讲过三民主义,其中就有民族主义,这些问题怎样解释?"这表明,当时毛泽东并不十分清楚究竟什么是民族主义。(参见杨奎松:《"中间地带"的革命——国际大背景下看中共成功之道》,山西人民出版社2010年版,第530—531页)在不十分清楚民族主义的含义的情况下,支持并加强对南共民族主义的批判,说明这时的中国共产党想表明在政治上是与苏共和共产党情报局站在一起的。

③ 吴冷西:《十年论战——1956—1966中苏关系回忆录》上,中央文献出版社1999年版,第13—14页。

④ 解放社编:《国际主义与民族主义》,东北新华书店1949年版,第49、50页。

议〉的指示》。11月,刘少奇撰写了《论国际主义与民族主义》的长篇理论文章,对南共问题和共产党情报局决议进行了理论阐述。刘少奇的这篇文章引起了很大的影响,1949年6月1日共产党情报局机关刊物《争取持久和平,争取人民民主!》,1949年6月7日苏联《真理报》,全文转载了这篇文章。但与东欧党对南共的批判相比,中国共产党有自己的特点:第一,中国共产党虽然拥护共产党情报局关于南共问题的决议,但并没有采取东欧党那样的党内清洗。第二,中国共产党虽然认为南共犯了错误,但并没有横加指责南共的内政外交政策,对南共的批评更多是从理论上展开的。特别鲜明的是,在共产党情报局第三次会议后,《人民日报》在1949年12月4日发表的《拥护情报局决议》的1300多字的文章中只有一处具体提到我们热烈拥护这个决议,坚决反对铁托集团。① 第三,对南共的批判并没有改变这一时期中国共产党的具体政策,特别是关于对待民族资产阶级和民族资本主义经济的政策。

虽然中国共产党对南共民族主义的批判远远没有达到东欧党的程度,但仍不可避免地产生了两个严重影响新民主主义社会理论历史命运的因素。

一是接受并强化了对标苏联的政治态度。中央东北局的指示指出,要"认清苏联是世界反帝的和平民主阵线中的主力军和领导者","中国人民必须与苏联结成巩固的兄弟联盟,中国革命才能彻底胜利,任何盲目的反苏思想与情感的残余,必须加

---

① 《拥护情报局决议》,载《人民日报》1949年12月4日。

以肃清和防止"。① 刘少奇也指出，错误地对待苏联，"如铁托集团所作的那样，乃是极端错误的和有害的，乃是背叛马克思列宁主义的根本原则，背叛无产阶级的国际主义，堕落到了资产阶级民族主义立场的结果"，"反对苏联，必然只符合帝国主义的利益，背叛自己民族的利益"。②在授受了反苏直接等同于资产阶级民族主义这一标准后，围绕着新中国建国方案的确定，苏联的意见就非常重要了。1948年8月28日，苏联的联络员奥尔洛夫在致莫斯科的电报中转述毛泽东关于赴莫斯科与苏共领导商谈的问题要点时指出："毛泽东在总结谈话内容时强调说'应该达成协议，让我们的政治方针与苏联完全一致'。"9月28日，毛泽东在致莫斯科的电报中说："务必就一系列问题当面向苏联共产党（布）和大老板亲自汇报。"③把对苏联的态度作为马克思主义和反马克思主义的尺度，客观上已经使中国共产党不可能再像新民主主义社会理论形成时期那样强调革命后中国社会的发展与苏联的区别了。

二是加强了从斯大林主义的理论层面对中国革命的理论论证。面对苏共和共产党情报局对南共民族主义的批判，中国共产党客观上感觉到了来自苏联的理论压力。毛泽东在1948年11月《全世界革命力量团结起来，反对帝国主义侵略》一文中指出："既要革命，就要有一个列宁、斯大林式的革命党"，"中国共产党就是依照苏联共产党的榜样建立起来和发展起来的一个

---

① 解放社编：《国际主义与民族主义》，东北新华书店1949年版，第51页。
② 刘少奇：《论国际主义与民族主义》，人民出版社1949年版，第15、28页。
③ A. M. 列多夫斯基：《斯大林与中国》，陈春华、刘存宽译，新华出版社2001年版，第57页。

党"①。但中国共产党这一表述显然不能让苏联满意。1949年初面对中国革命的顺利进展,苏联理论界已经开始论证斯大林的理论与中国革命的关系。一位苏联理论家指出:"斯大林同志的著作,特别是关于中国问题的著作,对党制定正确的马克思列宁主义的政策具有重大意义。斯大林同志在这些著作中,根据对中国形势所作的深刻的理论分析,阐明了中国革命所具有的特点,英明地预示了它的进程并指出它能取胜的条件。"②与此同时,共产党情报局的宣传也开始抢夺中国革命的理论话语权。共产党情报局和各国共产党的宣传都把中国革命的胜利说成是斯大林的英明领导,是斯大林的观点、战略、忠告和指导的结果,试图把中国革命归结为斯大林理论指导下的实践结果,认为在中国革命的每一个阶段"斯大林都在坚持无产阶级领导权的基础上,给他们指出问题,帮他们纠正错误,指出应当避免的危险和应遵循的正确道路","中国共产党正因为学习和吸收了斯大林的理论观点,才能认清自己的道路,纠正自己的错误,并领导中国革命和革命战争走向胜利"。③ 1949年10月,《真理报》上的一篇理论文章在解释中国革命的胜利时说:"伟大的列宁、斯大林主义的不朽火苗照明了朴素中国人民的心灵。中国近邻社会主义苏联的存在、它的发展、革命经验和兄弟情谊,都将有助于中国工人阶级的反帝国主义和反封建主义的斗争。""人类的伟大天才列宁和斯大林预测到中国革命的爆发。他们

---

① 解放社编:《国际主义与民族主义》,东北新华书店1949年版,第2页。
② 费尔南多·克劳丁:《共产主义运动——从共产国际到情报局》下册,中共中央党校外文组译,求实出版社1982年版,第267页。
③ 费尔南多·克劳丁:《共产主义运动——从共产国际到情报局》下册,中共中央党校外文组译,求实出版社1982年版,第270页。

精确地阐述了帝国主义时代民族革命的真谛。这些教导丰富了马克思列宁主义的宝库。斯大林同志特别分析了反帝、反封建革命胜利的条件。"①

面对来自苏联和共产党情报局的这种理论压力,中国共产党从党与党、国与国关系长远考虑出发,有意识地降低了毛泽东和中国革命对马克思主义的理论创新。1949年3月,在七届二中全会上,毛泽东针对中国革命的理论问题指出,"自有党以来,就是布尔什维克,我们自己的只是枝节、细节,就是灵活性。如果离开布尔什维克的原则性,这是行不通的。根本是马列,细节是中国的实际;骨头是马列,肌肉是中国的。这是国际主义"。在会上,毛泽东甚至不同意有人所说的毛泽东思想是"马列主义在殖民地半殖民地的应用和发展"这种表述,认为这样的讲法有"分配市场"的嫌疑。② 1949年7月4日,刘少奇在代表中共中央给斯大林的报告中,把苏联对中国革命的支持称作"中国人民取得胜利的决定条件";关于中国革命的经验,刘少奇则谨慎地指出,这"对其他殖民地半殖民地国家,可能是很有用的"。③ 1949年11月,刘少奇在纪念十月革命32周年大会上

---

① 沈志华、杨奎松主编:《美国对华情报解密档案(1948—1976)》(1),东方出版社2009年版,第563页。
② 杨尚昆:《杨尚昆回忆录》,中央文献出版社2001年版,第279、284页。
③ 中共中央文献研究室、中央档案馆编:《建国以来刘少奇文稿》第1册,中央文献出版社2005年版,第3、4页。需要指出的是,这显然不是刘少奇的真实认识。在1949年11月16日亚澳工会会议开幕词的讲话中,刘少奇明确指出,中国革命的道路"是许多殖民地半殖民地国家的人民争取民族独立和人民民主所应该走的道路",并详细地从统一战线、党的领导、理论建设和武装斗争四个方面总结了中国革命的公式和基本经验。(参见中共中央文献研究室、中央档案馆编:《建国以来刘少奇文稿》第1册,中央文献出版社2005年版,第164—167页)这种表述上的差异本身也可以说明这一时期苏联和共产党情报局对中国共产党的影响。

的讲演中说:"中国人民在帝国主义和封建主义的残酷压迫之下,在长期的反对帝国主义和封建主义的革命斗争中,清楚地了解:由于有了苏联的强大存在,由于有了苏联的榜样和苏联的援助,他们的革命斗争就能够获得胜利,而今天中国人民大革命也就真的得到了胜利。中国人民在革命斗争中,每当遇到困难、受到失败的时候,他们的胜利信心从来就没有丧失过,因为他们看到了苏联的强大存在。"[1]1950年12月,共产党情报局机关刊物发表了朱德一篇纪念十月革命33周年的文章,在这篇文章中,朱德指出:"三十三年来,苏联人民一贯地给予中国人民以伟大的友谊援助。以苏军为主力的反对德、日、意法西斯的第二次世界大战的胜利,以及第二次世界大战以后各人民民主国家和其他各国人民的反帝国主斗争,是中国人民取得革命胜利的具有决定意义的国际条件。"[2]这样,新中国成立前后在关于中国革命的理论表述以及毛泽东对马克思主义的重大理论贡献问题上,为了突出苏共和斯大林的理论权威性,中国共产党进行了一定程度的妥协。最明显也是最重要的一个举动就是,新中国成立后在出版1945年中共六届七中全会通过的《关于若干历史问题的决议》这一重要文献时,考虑到苏共始终拒绝承认"毛泽东思想"这一概念,把凡有"毛泽东思想"这一概念的地方一律删去,同时加重了斯大林对中国革命指示的分量,原来一些没有斯

---

[1] 中共中央文献研究室、中央档案馆编:《建国以来刘少奇文稿》第1册,中央文献出版社2005年版,第137—138页。
[2] 朱德:《十月革命与中国人民》,载《争取持久和平,争取人民民主!》中文版第65期(总第104期),1950年12月2日出版,第6页。

大林的地方也加上了"斯大林同志",并增添了斯大林的引语。①同时,也不再使用"马克思主义中国化"这一概念,而改用"马克思主义通俗化"或"马克思主义在中国具体化"。②

中国共产党提升斯大林在中国革命中的理论地位,反过来,又推动了共产党情报局对中国共产党态度的不断改善。1951年7月1日,在中国共产党建党30周年时,共产党情报局机关刊物《争取持久和平,争取人民民主!》发表专论《中国共产党的光荣的30年》,对中国共产党30年的斗争进行了高度评价,主编米丁还代表编辑部专门给中共中央致电祝贺③。在共产党情报局不断改善对中国共产党态度的背后,其实根本性的因素还

---

① 《胡乔木回忆毛泽东》,人民出版社2003年版,第325—326页。中共在对自身历史的解释中提高斯大林的理论地位在当时引起了外界的广泛关注,因此也就有各种不同的猜测。美国国务院情报研究所在一份关于毛泽东作为理论家和领袖的研究报告中说,这表明中国共产党"象征性地服从于苏联的最高领导地位",但"现在还不能确定毛泽东作为共产党领导人和理论家最新的动向就是其地位的真正变化,或者只代表对世界充满铁托分子的现实调整"。[沈志华、杨奎松等:《美国对华情报解密档案(1948—1976)》(1),东方出版社2009年版,第560,562页]美国学者徐中约在其著名的《中国近现代史:1600—2000,中国的奋斗》一书中说:"中国革命的成功促使毛泽东宣称,中国的经验将为亚洲提供一个革命模式。这也就意味着苏联模式再不具有普遍适用性,而只是一种欧洲革命模式。"(徐中约:《中国近现代史:1600—2000,中国的奋斗》,世界图书出版公司2008年版,第526页)这一论断明显地与中国革命胜利初期的中苏关系不相符合。

② 参见中共中央文献研究室编:《刘少奇年谱(1898—1969)》下卷,中央文献出版社1996年版,第151,280页;《毛泽东选集》第2卷,人民出版社1991年版,第532页。

③ 参见《争取持久和平,争取人民民主!》中文版第90期(总第138期)。后来《争取持久和平,争取人民民主!》编辑部与中国共产党的关系不断加强。1954年8月,米丁致信中共中央,希望中共中央能够派人参加该刊物编辑部的工作,具体要求是:有一定的马列主义水平、熟悉中国党的生活、做过党的工作和新闻工作,并且是省级以上报纸的负责人。1954年10月,经刘少奇批示,中共中央派中南局宣传部副部长刘祖春参加共产党情报局机关刊物的编辑工作。(参见中共中央文献研究室编:《建国以来刘少奇文稿》第6册,中央文献出版社2008年版,第337—338页)在当时,只有共产党情报局成员党的代表才能够参加其机关刊物编辑部的工作。

是试图强化中国共产党对苏联的忠诚。1954年1月,米丁在关于《毛泽东选集》研究的专题性论文鲜明地、突出地体现和强调了这一点。米丁指出:"毛泽东的全部著作一个特点就是充满了尊崇和热爱苏联的精神","毛泽东同志在自己的全部著作中突出地表现了他是苏联人民的忠实朋友,是中苏两国人民的永恒友谊的真正旗手"。① 苏共和中国共产党关系在意识形态上的接近,加上新中国成立后中苏两国在地缘利益上的增强,使得斯大林开始逐步形成让中共领导亚洲革命,并原则上同意以中国共产党为中心建立东方情报局的想法②。

上述这两个因素极大地压缩了新民主主义社会理论的意识形态空间,阻碍了新民主主义社会从理论向实践的转化。对新民主主义社会理论意识形态空间的压缩,尽管在当时还没有马上表现为中国共产党政策的调整,但已经明显使新民主主义社会理论的框架表现得不稳定,推动着中国共产党在新中国发展模式的设计上开始向苏联靠拢。这样,从1948年到1953年的五年当中,就出现一种矛盾的复杂现象,一方面强调新民主主义社会发展的历史阶段不可超越,另一方面又开始以苏联模式为参照考虑向社会主义的过渡问题。这两个矛盾性的因素暂时统一于"新民主主义政策"上。这样,在共产党情报局针对南共民族主义所掀起的意识形态大批判的压力下,放弃作为一种历史发展道路和社会形态的新民主主义社会只是一个选择时机和条

---

① 米丁:《毛泽东选集》,载《争取持久和平,争取人民民主!》1954年中文版第2期(总第270期),1954年1月22日出版,第19、20页。
② 参见沈志华:《毛泽东与东方情报局:亚洲革命领导权的转移》,载《华东师范大学》2011年第6期。

件的问题了。

三、共产党情报局对苏联社会主义模式的强化及其对新民主主义社会理论的影响

"二战"结束初期,苏联在东欧的外交目标是保证东欧政权的亲苏性质,但面对马歇尔计划提出后东欧一些国家对苏联的离心倾向和南共对苏联安全利益的威胁,斯大林开始认识到要控制住东欧国家,使之成为苏联的安全屏障,必须使东欧国家与苏联在制度上一体化。共产党情报局提出并强化"两个阵营"的理论观点,持续性地开展对南共民族主义的批判,实质都在于维护苏联在东欧的战略利益和推动东欧国家的苏联化。在共产党情报局的推动和监督下,到 1953 年,东欧国家基本上整齐划一地完成了向苏联模式的转型。

从共产党情报局的活动来看,东欧国家的苏联化和对苏联模式的强化主要是通过向东欧国家灌输以下两个战略性理论观点展开的:一是强调人民民主具有无产阶级专政的职能,二是强化斯大林的阶级斗争尖锐化理论。

"二战"结束初期,东欧国家试图在抵抗德国侵略过程中形成的国内各阶级政治联盟的基础上通过人民民主的道路,而不是苏联式的无产阶级专政的道路来实现社会主义。根据这种人民民主的设想,东欧国家最初都保留着议会制、多党制和多种经济成分。对于东欧通过人民民主道路走向社会主义的探索,斯大林最初出于维护美苏欧洲利益的平衡予以肯定和支持。但随着美苏关系的对立明朗化,共产党情报局建立后斯大林开始否定东欧的人民民主道路。1947 年 6 月,日丹诺夫在联共中央主

持的一次大型哲学研讨会上说,除了我们,"还有谁能帮助我们国外的朋友和兄弟用科学社会主义意识的光芒来照耀自己争取新社会的斗争的道路,除了我们,还有谁能够启发他们,并且用马克思主义的思想武器来武装他们!"①共产党情报局第二次会议不久,联共(布)机关刊物《布尔什维克》就指出:"不应当承认以下断言是正确的:每个国家以自己的、完全独具特色的道路走向社会主义,有多少国家就有多少走向社会主义的道路。这么说就意味着否定布尔什维克主义的国际意义。"②为了给东欧国家向苏联模式转型提供理论支持,1948年12月6日斯大林就保加利亚工人党"五大"政治报告的修改问题在与季米特洛夫的谈话中指出,过去承认东欧可以不采取苏联的过渡形式,而走代议制的道路"是有过失的","我们承认这一过失",人民民主制度"要执行无产阶级专政的各项职能","人民民主制度和苏维埃制度是无产阶级专政的两种形式"③。在当时的环境下,强调人民民主制度执行无产阶级专政的职能并不是一个如何理解无产阶级专政的理论问题,实质上强调的是社会主义道路的唯一性,即为苏联模式向东欧的扩展提供理论桥梁。对于这一点,捷克党的领导人斯兰斯基明确指出:"以前曾出现过各种错误的表述方式,这些表述方式掩盖了通往社会主义只有布尔什维克、马克思列宁主义一条道路。布尔什维克通往社会主义的道

---

① 孙耀文:《共产党情报局——一个特殊的国际机构》,社会科学文献出版社2000年版,第34页。

② 孙耀文:《共产党情报局——一个特殊的国际机构》,社会科学文献出版社2000年版,第211页。

③ 内·甘乔夫斯基:《季米特洛夫的晚年——秘书的观察和纪实(1945—1949)》,吴锡俊译,人民出版社1991年版,第319页。

路对我们在所有基本原则上都是适用的。"①后来的捷克党的主席哥特瓦尔德说得更是直接:"苏联人民的创造性成就对各人民民主国家说来是特别有意义的。苏联劳动人民的经验是这些国家从事社会主义建设的知识的主要源泉。苏联的成功不仅使这些国家的人民相信他们所走的道路是正确的道路,而且直接帮助和加速这条道路的进程。""苏联建设共产主义的成功,向人民民主国家指出了走向社会主义建设的道路,大大缩短了这些国家中建设社会主义的时间,因而为目前这一代开辟了走向建设共产主义的前途。"②

东欧国家的共产党本来基本上是按照布尔什维克党的模式建成的,"二战"期间与苏联的关系又非常密切。到1948年年底,东欧国家基本上建立了共产党单独执政的政权体系,有些国家虽然还存在几个党,但共产党无疑是垄断政权的。"这些都说明东欧国家政治体制的苏联模式化已经成型"。③在此基础上,东欧国家开始向私人经济和个体经济进攻,展开了工业国有化和农业集体化运动,并确立起了高速优先发展重工业的经济发展战略。1952年,东欧各国建立起了单一的国有制经济。各国国有经济的比重分别是保加利亚100%,捷克斯洛伐克98%,匈牙利97%,波兰99%,罗马尼亚97%。④ 到1953年,集体化

---

① 沈志华编:《苏联历史档案选编》第7卷,社会科学文献出版社2002年版,第482页。
② 哥特瓦尔德:《苏联——全世界争取和平与进步的斗争的领导力量》,载《争取持久和平,争取人民民主!》1950年中文版第65期(总第104期),1950年12月2日出版,第9页。
③ 孔寒冰:《东欧史》,上海人民出版社2010年版,第315页。
④ 本·福本斯:《东欧共产主义的兴衰》,张金鉴译,中央编译出版社1998年版,第84页。

后的耕地占可耕地总数的程度分别是保加利亚60.5%,捷克斯洛伐克50%,波兰8%,匈牙利建立了5110个合作社。① 尽管从数字看,农业集体化的程度并不高,但对于小农经济发达的东欧国家来说,能够实现这些数字,已经是相当高了。在重工业发展方面,东欧各国在第一个五年计划中,对工业的发展都提出了极高的任务。波兰规定,"一五"后要比1949年增长85%—95%,罗马尼亚提出要比1950年增加一倍,匈牙利的目标是五年期间工业生产增加86.4%,其中重工业增加104.3%。这样,到20世纪50年代初,基本建立起了社会经济资源高度垄断在政府手中的苏联式社会经济体制。有意思的是,虽然1948年后,南斯拉夫被开除出共产党情报局,但南斯拉夫为了表明自己坚持社会主义而不是什么民族主义,因此在推动国内发展模式的苏联化方面也走得非常远,试图"用行动来驳斥共产党情报局的指责"。尤其是作为"在战后政治生活中斯大林气味最浓的一项措施",苏联模式在南斯拉夫农业集体化上体现得更明显。1948年,南斯拉夫有合作社1318个,1949年一年增加了四倍,增长到6626个,1950年总数达到了6797个,有200万社员,约占全国耕地总量的1/5。②这从另外一侧反映出,在当时东欧各国党的观念中,苏联模式作为社会主义唯一发展模式的不可置疑性。

在苏联模式不断被强化的背景下,共产党情报局的宣传舆论普遍认为:"走向社会主义的道路并不是一条很容易走的道

---

① 孔寒冰:《东欧史》,上海人民出版社2010年版,第319页。
② 郝承敦:《苏南冲突研究》,学林出版社2007年版,第144页。

路。人民民主国家的社会主义建设是在许许多多社会经济成分并存的情况下进行的,是在尖锐的阶级斗争情况下进行的。"① 如果说,"两个阵营"理论把东欧国家挤到美苏的夹缝之中,使得东欧国家无法"骑墙",斯大林关于人民民主是无产阶级专政的一种特殊形式的理论打开了东欧国家通向苏联模式"一边倒"的政治大门,那么共产党情报局对斯大林关于社会主义越发展、阶级斗争就越尖锐理论的强化则为东欧国家的苏联化提供了持续性的推动力,或者说是进入这个大门的钥匙。

社会主义阶级斗争尖锐化的理论观点是斯大林在1928—1929年期间提出来的,是以苏联理论为蓝本的传统社会主义的一个核心观点。1928年7月9日,在联共(布)中央全会上,斯大林第一次根据"沙赫特事件"提出并论证了社会主义条件下的阶级斗争尖锐化理论:"我国在无产阶级专政的条件下没有而且不可能有一件稍微重大的政治或经济事件不反映出城市中或农村中阶级斗争的存在。""随着我们的进展,资本主义分子的反抗将加强起来,阶级斗争将更加尖锐。"②1929年4月,在中央委员会和监察委员会联席会议上,斯大林进一步把他的阶级斗争尖锐化理论放到了整个马克思主义的阶级理论中来理解,认为"在无产阶级专政条件下,阶级斗争要比无产阶级专政以前更加残酷",必须"通过无产阶级的残酷的阶级斗争来消灭阶级,——这就是列宁的公式"。③在这一理论框架下,高压与强制

---

① 《共产党和工人党的崇高使命》,载《争取持久和平,争取人民民主!》1953年中文版第17期(总第233期),1953年4月24日出版,第3页。
② 《斯大林全集》第11卷,人民出版社1955年版,第148、149—150页。
③ 《斯大林选集》下卷,人民出版社1979年版,第136、137页。

被赋予了政治上和意识形态上的合法性,使得苏联在结束了带有市场经济倾向的新经济政策的发展道路后走上了以计划为主要特色的强制发展的苏联模式道路。① 共产党情报局第二次会议在批判南共民族主义时就运用了阶级斗争尖锐化的理论,认为南共否认"在从资本主义到社会主义的过渡时期中,不是阶级斗争的尖锐化,如像马克思——列宁主义教导的那样,而是阶级斗争的熄灭,如像布哈林式的机会主义所断言的那样,后者曾鼓吹资本主义和平生长为社会主义的理论"②。苏共著名的理论家尤金(尤津)明确指出:"苏联的经验教导我们说,没有无产阶级专政是不可能建设社会主义的","走向社会主义的道路,无论在经济方面,以及在政治思想方面,都必须经过残酷的阶级斗争。"③当阶级斗争尖锐化的理论被灌输到东欧各国党的头脑中后,东欧国家的苏联化已成为不可逆转的方向。关于这一点,德国统一社会党领导人皮克在1948年8月的一次会议上指出:"只有一条走向社会主义的道路,即阶级斗争的道路。这种阶级斗争在不同时间和不同国家采取不同的形式,但它是一条革命的道路;和平长入社会主义是不存在的。"④在共产党情报局第三次会议上,德治高度评价了斯大林的阶级斗争尖锐化理论,指出:"必须像布尔什维主义所教导的那样经常记住:应该消灭那由一种错误假定中产生出来的机会主义的自满情绪,按照这

---

① 任晓伟:《社会主义计划经济的历史和理论起源》,人民出版社2009年版,第126—130页。
② 《共产党情报局会议文件集》,人民出版社1954年版,第41页。
③ 尤津:《走向社会主义的人民民主国家》,载《人民日报》1949年9月2日。
④ 孙耀文:《共产党情报局——一个特殊的国际机构》,社会科学文献出版社2000年版,第200页。

种假定,仿佛敌人将因我们力量增长而愈益驯服和愈益温和。这样的假定是根本不正确的。应该记住,敌人处境愈是绝望,他们就会愈加乐于采用'极端手段'。"①这一方面为前一时期东欧国家的政治清洗进行了理论辩护,另一方面又推动了政治清洗运动的升级,从而为东欧国家政治经济发展模式的全面苏式化提供了推动力。

东欧从人民民主制度向苏联模式的转变对于正在进行新中国制度蓝图设计的中国共产党和新民主主义社会理论的历史命运产生了深刻的历史影响。

第一,毛泽东开始修改20世纪40年代中期反复强调的关于新民主主义政治"既不要求也不计划无产阶级专政"②及其与苏联政治制度相区别的观点,转而强调与无产阶级专政具有高度同质性的人民民主专政理论。毛泽东在1948年9月中央政治局会议和1948年12月30日《将革命进行到底》中提出并对外公开使用了"人民民主专政"这一概念,在当时的特定背景下"人民民主专政"这一概念其实已经内含了无产阶级专政的含义③。1949年2月初在与米高扬的谈话中,毛泽东则明确指出:"在工农联盟基础上的人民民主专政,而究其实质就是无产阶级专政。"④从逐步不提新民主主义政治制度,形成人民民主

---

① 《共产党情报局会议文件集》,人民出版社1954年版,第134—135页。

② 笑蜀编:《历史的先声——半个世纪前的庄严承诺》,汕头大学出版社1999年版,第284页。

③ 刘建平:《苏共与中国共产党人民民主专政理论的确立》,载《历史研究》1998年第1期。

④ 师哲口述、师秋朗笔录:《我的一生——师哲自述》,人民出版社2001年版,第273页。

专政的新概念到人民民主专政实质上是无产阶级专政的新认识,在越来越深的程度上展现出了共产党情报局对新中国政治制度设计的影响。

第二,面对共产党情报局对南斯拉夫国内小农经济占优势、富农经济不断滋长、私人经济部门过大、与西方国家进行经济合作导致外资入侵等"企图全面发展资本主义,并永久地保留南斯拉夫的阶级关系"①的批判,毛泽东开始放弃过去把新民主主义经济称为"新资本主义"的提法,逐渐改变了过去对私人资本和外资经济的重要性的高度强调。

1944年3月,毛泽东在中央宣传会议上阐述新民主主义社会时指出:"现在我们建立新民主主义社会,性质是资本主义的,但又是人民大众的,不是社会主义,也不是老资本主义,而是新资本主义,或者说是新民主主义。"②1945年6月21日,也就是在"七大"闭幕10天后,延安《解放日报》发表了《关于发展私人资本主义》的著名社论。这个社论在引证没有修改的《论联合政府》的基础上,批判了那种"企图否认中国应该让资本主义有一个广大的发展"的错误认识,指出在中国"自由资本主义还有它发展的宽广的可能性和必要,在中国这样的农业国家,我们所要发展和必须发展的,就是这样的资本主义"。虽然社论中也指出了资本主义发展中的不应"操纵国民生计"的原则,但这个原则主要是为了防止自由资本主义转向为官僚垄断资本主义,因为在官僚垄断资本主义下,"自由资本主义要遭受致命的

---

① 沈志华编:《苏联历史档案选编》第7卷,社会科学文献出版社2002年版,第590页。
② 《毛泽东文集》第3卷,人民出版社1996年版,第110页。

摧残,当然更谈不上什么发展了"①。从这个意义上说,这个原则不是对资本主义发展的限制,而是对它的一种保护和推动。同样,社论也分析了新民主主义社会中国营经济的作用,但却看不出有要让国营经济去领导资本主义经济的意思。但在1948年9月中央政治局会议上毛泽东则指出:"我们的社会经济呢?有人说是'新资本主义'。我看这个名词是不妥的,因为它没有说明在我们的社会经济中起决定作用的东西是国营经济、公营经济。"②1948年11月,中央宣传部和新华总社在一份关于新闻政策的指示中进一步明确地说:"不要给人一种印象,似乎一般工商业资本家也是革命动力,似乎他们的恢复与发展营业,就是新民主主义经济的特征,似乎我们有义务一般地帮助他们的恢复与发展营业。"③对于中国共产党来说,要想实现社会主义,"引导国家走上公有制社会,首先必须花费相当的时间来推动国营经济以及合作社经济的生长与发展,从而得以逐渐控制整个国民经济,造成剥夺私人资本,实行社会主义革命的基本物质条件"④。显然,中国共产党对资本主义的认识已经发生了与过去不同的显著变化。

美苏冷战的加剧和战后苏共对世界社会主义运动控制力的重新加强,对新民主主义社会理论形成了很大的政治压力。在这种压力下,已经不存在再走一条介于资本主义和苏联式社会

---

① 《关于发展私人资本主义》,载《解放日报》1945年6月21日。
② 《毛泽东文集》第5卷,人民出版社1996年版,第139页。
③ 中央档案馆编:《中共中央文件选集》第17册,中共中央党校出版社1992年版,第496—497页。
④ 杨奎松:《中华人民共和国建国史研究》(1),江西人民出版社2009年版,第466页。

主义之间的新民主主义社会发展道路的独立政治空间和意识形态空间。这样,共产党情报局在改变了维系新民主主义社会理论的国际政治条件和意识形态环境的同时,又为新民主主义社会提供了苏联模式这一替代发展模式。1949年10月5日,刘少奇在中苏友好协会总会成立大会上的报告中总结中国革命的经验时说:"苏联人民所走过的道路正是我们中国人民将要走的道路。苏联人民建国的经验值得我们中国人民很好地学习。我们中国人民的革命,在过去就是学习苏联,'以俄为师',所以能够获得今天这样的胜利。在今后我们要建国,同样也必须'以俄为师',学习苏联人民的建国经验。"①对于刚刚执掌国家政权的中国共产党来说,放弃新民主主义社会理论和向苏联模式过渡已经是一个不可避免的历史方向。1954年9月,在一届人大一次会议上,刘少奇在关于宪法草案的讲话中明确地批评了巩固新民主主义的思想,指出:"社会主义和资本主义两种相反的生产体系,在一个国家里面互不干扰地平行发展,是不可能的。中国不变成社会主义国家,就要变成资本主义国家,要它不变,就是要使事物停止不动,这是绝对不可能。要变成资本主义国家,我在前面已经说过,此路不通。所以我国只有社会主义这条唯一的光明大道可走,而且不能不走,因为这是我国历史发展的必然规律。"②关于中国社会主义道路与苏联社会主义道路的关系,刘少奇则指出:"是的,我们所走的道路就是苏联走过的

---

① 中共中央文献研究室、中央档案馆编:《建国以来刘少奇文稿》第1册,中央文献出版社2005年版,第87页。

② 《中华人民共和国第一届全国人民代表大会第一次会议文件》,人民出版社1955年版,第17页。

道路,这在我们是一点疑问也没有的。苏联的道路是按照历史发展规律为人类社会必然要走的道路。要想避开这条道路不走,是不可能的。我们一向认为马克思列宁主义是普遍的真理。"①刘少奇这一段话历史性地体现出了当时中国共产党认识社会主义的典型思维,即社会主义道路等于苏联道路,苏联道路等于马克思列宁主义普遍真理,任何一个国家要走社会主义道路,必须要走苏联道路。在这一思维模式下,对于中国来说,在中止了新民主主义社会实践之后,剩下的问题只能是通往苏联模式的具体时间设定了。

对于共产党人来说,实现社会主义和共产主义是天经地义的事情,也是一代代共产党不断努力的目标。对于在半殖民地半封建社会进行历史活动的中国共产党而言,由于社会经济发展的落后性则把社会主义看作为长期奋斗的理想,在相当长的时期内并不急于在条件不够的情况下推进社会主义。但在共产党情报局的理论和政治影响下,新中国向社会主义的过渡比过去预想的早得多地提到中国历史发展的进程中,中止新民主主义和向苏联模式不断靠拢,已经是一个不可避免的历史方向,这构成了战后苏联模式世界推广过程中一个重要组成部分。

苏联模式是斯大林在长期领导苏联社会主义建设过程中形成的特定体制。从发展特点看,苏联模式主要是以重工业的发展为主,特别是以军事工业的发展为主,忽视农业和轻工业的发展。从体制特点来看,则主要是以在政治、经济和思想文化领域

---

① 《中华人民共和国第一届全国人民代表大会第一次会议文件》,人民出版社 1955 年版,第 20 页。

中的高度集权为主,忽视社会经济发展中的多样性。这样一种体制模式,既包含着苏联的特殊经验,也具有社会主义的一些基本特征,长期以来被看作社会主义的唯一经典模式。在当时的历史条件和认识条件下,无论对于东欧国家还是对于新中国而言,向社会主义过渡实质上就是向苏联模式过渡;反过来,选择了社会主义,实质上就是选择了苏联模式。因此,不难理解,既然中国开始了从新民主主义向社会主义过渡,那么,也就是苏联模式开始在中国得到了确立。长期以来,人们在研究中认识到苏联模式在中国的确立与新中国对苏联的模仿和照抄照搬有着重要的关系,但从前述的研究来看,这一认识还是不够的。新中国之所以模仿和照抄照搬苏联模式,是在共产党情报局1948年后对中国共产党的整体影响下发生的。如果没有这一影响及其引起的新民主主义社会理论的异变,按照中国共产党革命时期的新民主主义社会的建国构想,很难想象新中国会如此快地开始向以苏联模式为蓝本的社会主义过渡。

1953年后,经过三年多的时期,中国完成了社会主义改造,社会主义制度在中国基本确立。在社会主义改造的过程中,中国共产党依据马克思主义基本理论,在农业、手工业和资本主义工商业的改造方面开辟出一条有中国特色的社会主义改造和过渡之路,这在理论和实践上都是有着重大的意义。但由于改造和过渡的目标已经被定位在苏联模式上,因此从最后的目标来看,20世纪50年代中期在中国确立的社会主义基本制度实质上是苏联模式的社会主义。关于这一点,邓小平在后来指出:"从总的状况来说,我们国家的体制,包括机构体制等,基本上是从苏联来的。"①苏联模式在中国的确立是"一边倒"外交战略下中国在发展模式和道路上的唯一选择。从这一时期东欧和中国相互对照来看,苏联通过共产党情报局这一组织机构完成了与战后社会主义阵营国家的制度一体化发展,至此,共产党情报局也完成了其作为苏联控制下的一个特殊国际机构所承担的最重要的历史任务。

四、毛泽东在1953年6月15日中央政治局会议上的讲话及其意义

在新中国历史上,1953年是一个具有界标意义的年份,国民经济的恢复、大规模的经济建设以及社会主义改造的开始,都是以这一年作为标志的。在1953年这一年,6月15日召开的中央政治局会议则是一个具有界标意义的事件,比较完整的向社会主义过渡的设想的形成是以这一事件作为主要标志的。同时,这一年也是毛泽东新民主主义思想发展史具有界标意义的年份,由此,在中国共产党的领导下形成了过渡时期的总路线,加快了从新民主主义向社会主义的制度转型。但是,目前各种反映关于毛泽东在1953年6月15日中央政治局会议上的讲话的文献,在主要内容和思想上却并不完全一致。因此,对反映毛泽东在这次会议上的讲话的主要文献进行综合考述,对于客观理解重大历史变革关头和新民主主义思想重大转型关头毛泽东真实的思维脉络是非常必要的,特别是对于理解新中国成立后毛泽东新民主主义思想的走向是非常必要的。

---

① 中共中央文献研究室编:《邓小平年谱(1975—1997)》上,中央文献出版社2004年版,第376页。

从有关公开的原始文献来看，涉及毛泽东在1953年6月15日中央政治局会议上讲话的文献主要有三处：一处是1977年出版的《毛泽东选集》第5卷，一处是1990年出版的《建国以来毛泽东文稿》第4册，另一处是《党的文献》2003年第4期《关于过渡时期总路线问题文献选载》刊载的毛泽东的讲话。

《毛泽东选集》第5卷以《批判离开总路线的右倾观点》为题，选取了毛泽东讲话的一部分内容，并特别注明在这篇讲话中"毛泽东同志批判了刘少奇等人提出的'确立新民主主义社会秩序'等右倾机会主义观点"。这部分讲话在内容上，主要有以下几个方面：一是提出了党在过渡时期总路线的主要内容，即"一化三改"；二是批判了"右倾"的三种表现形式，即确立新民主主义社会秩序，由新民主主义走向社会主义，确保私有财产；三是提出过渡的时间大约为15年。1977年，中共中央毛泽东主席著作编辑出版委员会在关于《〈毛泽东选集〉第五卷介绍》中介绍这篇文章的背景时说，在这篇文章中"毛主席尖锐批判了刘少奇的错误。在新民主主义革命成功以后，刘少奇要走资本主义道路，不去搞社会主义改造，提出了确立新民主主义社会秩序等右倾观点"①。与此同时，华国锋在关于学习《毛泽东选集》第5卷的讲话中讲到这篇文章时也强调了相同的思想："毛主席率领全党不断地同侵入党内的资产阶级思想进行斗争，克服了以刘少奇为代表的离开总路线的右倾机会主义。这种机会主义的主要表现是，提出所谓'确立新民主主义社会秩序'，不去对资本主义工商业实行社会主义改造，自动放弃国营经济的

---

① 《新华月报》1977年第4期，第8页。

领导地位,否认在土地改革后立即展开互助合作运动的必要和可能,听任农村发生两极分化。它的实质就是要把革命停止下来,使中国走上资本主义道路。"①由此看来,选取这部分内容,并冠以《批判离开总路线的右倾观点》的题目,主要是为了适应"文革"结束初期的"左"倾政治,试图从理论上延续"两个阶级"、"两条道路"斗争的"左"倾错误观点,并没有全面、准确、客观地反映出毛泽东当时讲话的原貌,因而是极为不科学的。

《建国以来毛泽东文稿》第4册以《在政治局会议上的讲话提纲》为题,公开了毛泽东的讲话提纲。② 从提纲的内容来看,除了包含上述《毛泽东选集》第5卷三个方面的内容外,还包括了另外三个方面的主要内容:一是过渡时期的经济方针,即"有所不同和一视同仁,公私兼顾、劳资两利和发展生产,繁荣经济";二是"所谓社会主义改造的部分:(一)农业;(二)手工业;(三)资本主义企业",这里毛泽东可能想阐述社会主义改造的具体道路;三是解释"逐步"这个概念,这也是提纲的最后一句话:"对于将资本主义逐步过渡到社会主义的认识——社会主义成分是可以逐年增长的,资产阶级的基本部分是可教育的。"

关于这个讲话提纲,有两点必需要强调:第一,这个提纲是写在中央统战部在李维汉《关于资本主义工业中的公私关系问题》报告的基础上形成的《关于利用、限制和改组资本主义工商业的若干问题(未定稿)》的封面上;第二,在《关于利用、限制和

---

① 张树军、高新民主编:《中共十一届三中全会历史档案》上,中国经济出版社1998年版,第117页。
② 这一提纲的内容最早以《总路线是照耀一切工作的灯塔》为题发表在《党的文献》1988年第5期上,也可参见由中共中央文献研究室编的《毛泽东传(1949—1976)》上第253页,该处编者直接引用了原手稿。

改组资本主义工商业的若干问题(未定稿)》的背面,还有毛泽东手写的下述文字:"上海如做增产节约,国家便应加强加工订货。统一于工商工作委员会和增产节约委员会。工人阶级如何领导资产阶级问题。不要说限制和排挤。联共党史第9章至12章。左的多,还是右的多?天津整顿劳动纪律后有了主动。退赃问题——五年计划。十五年还是不向党外说。先礼后兵。私营纳入国家计划轨道。照法律办事。看破红尘。"这是毛泽东在6月15日中央政治局会议上听取李维汉汇报时随手写下的文字,并成为讲话提纲的另一部分。① 这一部分内容并没有包含在上述公开的讲话提纲中,但它的意义却是相当重要的,既涉及了对资本主义改造的具体问题,也涉及了过渡时期总路线的理论参照,即"联共党史第9章至12章。左的多,还是右的多?"的问题。

关于这份提纲和毛泽东的讲话之间的关系,中共中央文献研究室编的《毛泽东传(1949—1976)》中说:"这只是个提纲,没有展开。"②这个断语下得并不十分准确。从《党的文献》2003年第4期《关于过渡时期总路线问题文献选载》所刊印的关于1953年6月15日中央政治局会议上毛泽东的讲话这一文献来看(下称《党的文献》),毛泽东的讲话基本上涵盖并展开了事先的讲话提纲。这一文献与《毛泽东选集》第5卷相比,其共同的部分有些地方也是不一样的,明显的有下面两处。第一处是在

---

① 参见鲁振祥、杨茂荣、王朝祥:《关于过渡时期总路线的提出问题文献发表情况简介》,载《党的文献》2003年第4期。

② 中共中央文献研究室编:《毛泽东传(1949—1976)》上,中央文献出版社2003年版,第253页。

"有人认为过渡时期太长了,发生急躁情绪。这就要犯'左'倾的错误"这一句后,《毛泽东选集》第5卷紧接着的是"有人在民主革命成功以后,仍然停留在原来的地方……";《党的文献》紧接着的则是"现在基本建设、农业、手工业、资本主义工商业方面,都有急躁情绪,比如急于要多搞合作社,'五反'后对资本家进攻没有停止,使工人阶级自己处于进退两难地位",然后才是"有人在民主革命成功以后,仍然停留在原来的地方……"一句。《毛泽东选集》第5卷删掉这一句,可能是由于下面两个原因:一是1955年后毛泽东在社会主义改造的速度问题上与原来的想法出现了变化;二是为了衬托"反右"的主题,从而为"两个凡是"派在"文化大革命"初期延续"左"倾政治路线提供历史基础和理论支持。第二处是在批评"确立新民主主义社会秩序"这一段"我们现在的革命斗争,甚至比过去的武装革命斗争还要深刻"这一句后面:《毛泽东选集》第5卷后紧接着的是"这是要把资本主义制度和一切剥削制度彻底埋葬的一场革命"这一句;而《党的文献》中则没有这一句,紧接着的是"要在十年到十五年使资本主义绝种"这一句。

从总体上看,《党的文献》的内容要比《毛泽东选集》第5卷丰富得多、客观得多,而且也不限于上面提到的讲话提纲。除了前面提到的内容之外,这一文献还包括以下几个方面的内容:第一,具体界定了"工业化"的含义:"什么叫国家基本工业化?工业在国民经济中的比重,至少要达到百分之五十一,或者达到百分之六十吧!按照苏联的经验,工业的比重要达到百分之七十才算工业化,我们现在还差百分之四十二。我国的工业化,工业比重也要达到百分之七十。"人们对这一段话的重视并不够,其实这里毛泽东讲的工业化采取了1938年联共(布)十八大关于工业化的标准。这说明不仅在什么是社会主义的问题上,而且在什么是工业化、怎样才算是达到了工业化的问题上,苏联模式对毛泽东和中国都有着极其重要的影响。第二,毛泽东提出要反右,"要在十年到十五年使资本主义绝种"的同时,强调了反"左"的意义。主要涉及这样几层含义,一是重申了讲话提纲中关于资产阶级的基本部分是可以教育的:"几年来经验证明,资产阶级的基本部分,或者说多数,是可以教育的。他们是民主人士,可以教育。"二是强调不能盲目急躁地反对资本主义:"目前一脚踢开资本主义企业是不行的,我们也没有资格。现在,我们飞机、坦克、汽车、拖拉机等都不能造,就想把资本主义企业一脚踢开,是不对的,不应急躁冒进。"三是指出了对资产阶级的双重政治态度:"要把资产阶级看成一个敌对阶级,不这样看就要犯错误。另方面,要看到资产阶级分子是可以改造的。不要忘记一个政治条件,就是政权在我们手里,因而我们有本领有能力来改造他们。""不要忘记一个经济条件,就是社会主义经济的优胜。"这表明,毛泽东在批评"巩固新民主主义社会秩序",强调反右的同时,并没有过分夸大资产阶级和资本主义经济成分的危险,其政治心态是很平和的。据李维汉回忆,高岗在这次政治局会议散会后向他提出了这样一个问题:"你知道布哈林和平长入社会主义吗?"[①]言下之意,高岗认为,会议所讨论的关于改造资产阶级和国家资本主义的方针,有"布哈林主义"的"右倾"之嫌。这就表明,相比而言,毛泽东在会上对反"左"和反右

---

① 参见李维汉:《回忆与研究》下,中共党史资料出版社1986年版,第744页。

的强调至少是在同等重要程度上展开的,甚至对反"左"的强调还重于对反右的强调。

尽管《党的文献》比较详细地反映出了毛泽东在这次中央政治局会议上的讲话内容,但这还并不是毛泽东当时讲话的全部内容。有关当事人的回忆,既可以证实这一点,又可以弥补其中没有包含的内容。

在有关当事人的回忆中,具有比较重要文献价值的是新中国成立初期在中央东北局担任领导工作的张明远所撰写的回忆录。张明远在其回忆录中根据自己参加这次中央政治局会议时的记录详细整理了一份关于毛泽东当时的讲话稿。从张明远整理的这份讲话稿来看,它既有与上述文献一致的地方,也包括了上述文献没有涉及的地方,其中为上述文献所没有提到的内容主要有以下几点。一是中国资本主义的特点:"中国资本主义与苏联不同,是产生在半殖民地,不能用没收的办法,即使对帝国主义资本也不能一律没收,对资本主义,还有其很大的作用,需要与之联盟。""要批判党内把资本主义仍看作国民党时代的资本主义的思想,如只问福利,不问生产。他们现在已成为人民政府管理下的资本主义,仍用国民党时代的办法对待私营企业是错误的。"分析中国资本主义的特点,显然是为了在向社会主义过渡中反"左"提供理论依据。二是毛泽东在分析完向社会主义过渡中右的三种表现后说:"恰当的提法是:'由新民主主义逐步过渡到社会主义'。"如果张明远这里没有笔误的话,那么"由新民主主义逐步过渡到社会主义"这一点是能够引起人们足够理论兴趣的。这能否理解为:毛泽东并不反对新民主主义本身,反对的重点是对新民主主义的"巩固"、缺少目的性的

"由新民主主义走向社会主义"？这样的话,为人们所热烈讨论的关于新民主主义的"放弃"论在很大程度上就不存在了。三是强调了理论学习的重要性:"过渡时期的总路线,要学理论,我党的路线,基本上就是联共党史第九章的路线。"这表明,如同工业化的标准一样,过渡时期总路线基本上是在斯大林关于过渡时期的理论基础上提出来的。四是在这次讲话中,毛泽东批评了1952年底开始实施的新税制问题[①]:"优待批发商,新税制有原则错误,路线的错误,违反二中全会(指七届二中全会——笔者注),违反共同纲领,无所谓领导,完全平等,甚至并不平等,对资产阶级有利,对大批发商有利,热烈拥护的是资产阶级,而且是热烈拥护;倒霉的是党,是合作社。对新税制要作很大的修改,对预算也必须作若干修改。"[②]6月15日的政治局会议是在1953年全国财经会议召开后的第三天举行的,而批评新税制是这次财经会议的一个重要内容,因此,毛泽东在讲话中对新税制的批评,无疑奠定了这次全国财经会议的政治基调,使新税制问题政治化。可以说,以上内容是对毛泽东在1953年6月15日中央政治局会议上讲话内容的重要文献补充。总之,毛泽东在1953年6月15日中央政治局会议上的讲话内容是非常丰富的,从上述所考的文献来看,主要包含了下述八个方面的问题:阐述党在过渡时期的总路线;党的过渡时期总路线与苏联过渡经验的关系;工业化的标准问题;反对"右倾";反对"左"倾;过渡时期的经济方针;肯定了由李维汉提出的经过国家资本主

[①] 关于新税制问题的由来和实质,可参见任晓伟:《论1953年修正税制问题的由来及其历史实质》,载《党史研究与教学》2005年第1期。

[②] 参见张明远:《我的回忆》,中共党史出版社2004年版,第374—379页。

义特别是公私合营这一主要环节来实现向社会主义的过渡；批评新税制等。

毛泽东在1953年6月15日中央政治局会议上的讲话在新民主主义思想史和新中国成立后中国共产党政治思想史上具有重要的意义。这表明，毛泽东正式提出了党在过渡时期的总路线，标志着毛泽东在新中国成立近四年后完成了对中国如何向社会主义过渡和建立社会主义制度的理论思考和政策建构，使新中国成立后就开始的从新民主主义向社会主义的过渡具有了明确的制度性目标。同时，这次讲话和以这次讲话为基础正式提出的党在过渡时期的总路线也正式标志着新民主主义思想开始退出新中国的历史议程。在建立社会主义和推进共产主义的目标指引下，通过对20世纪50年代初期国际政治环境和国内发展任务的审视，中国共产党领导中国人民以昂扬的斗争姿态踏上了建立社会主义制度和探索社会主义建设道路的崭新历史进程。

第八章

新民主主义社会理论是马克思主义中国化的创新成果

新民主主义思想是革命时期以毛泽东为代表的中国共产党人推进马克思主义中国化进程中标志性理论成果,长期以来,也是我国马克思主义理论研究领域中的重要问题。特别是改革开放以来,从20世纪80年代到90年代中后期,新民主主义社会理论的研究曾在中国马克思主义理论研究中具有非常重要的地位。通过这一时期的研究,人们基本上一致认可了这样一种观点,即毛泽东的新民主主义理论,不仅仅是一个破坏旧世界的革命理论,而且还是一个建设新世界的社会理论,也正是在后一种意义上,人们开始使用新民主主义社会理论这样的概念。从目前的研究来看,人们对这一点的认识基本上没有什么分歧。不过,近些年来,学术界有些人开始否定新民主主义社会理论的提法,提出新民主主义社会理论"不能成立说",认为"新民主主义社会"这样的提法和概念完全是后来的研究者所杜撰,毛泽东并没有一个新民主主义社会理论,这些观点无论是在学术界还是网络上都有一定的影响。虽然党史界一些学者对这一观点也提出了自己的一些不同看法,但并没有切中问题本身的要害。因为这一问题的争论本身并不是一个纯粹逻辑思辨的问题,而是一个如何对历史进行现实主义解读的问题和客观评价新民主主义社会理论地位的问题。

一、新民主主义社会理论是 20 世纪 40 年代毛泽东新民主主义思想的客观组成部分

质疑甚至是否定新民主主义社会理论的论者们有一个依据,就是认为历史中并没有"新民主主义社会理论"这样的提法和概念。一种观点认为:"在经历过我国新民主主义革命和社会主义革命的第一代革命家、理论家的著作和言论里,只有'新民主主义理论'和'新民主主义革命理论'的明确概念和系统论述,从来没有'新民主主义社会理论'的提法和概念;因而,在中共历次代表大会或各种文件里,至今也没有'新民主主义社会理论'这样的提法和概念。这就是为什么那些刻意宣扬'新民主主义社会论'的人,始终拿不出毛泽东、周恩来、刘少奇、朱德、邓小平、陈云等老一代革命家的所谓'新民主主义社会论'的翔实文字和系统思想,也拿不出任何党的文件作根据。但是,某些人为了达到否定我国社会主义改造、社会主义革命和社会主义道路的目的,挖空心思,东翻西找,挑拣出毛泽东在 40 年代与国民党作斗争时关于革命根据地'新民主主义社会'的言论,任意曲解和夸大;尤为恶劣的是,他们把自己的思想统统附加在上面,七拼八凑,编造出一套所谓的'新民主主义社会理论',冒

充为毛泽东的思想。"①从文献来看,这段引言中所说的"毛泽东在40年代与国民党作斗争时关于革命根据地'新民主主义社会'的言论"指的是1941年5月8日毛泽东在《关于打退第二次反共高潮的总结》一文中的一段文字:"还有一些同志,不了解陕甘宁边区和华北华中各抗日根据地的性质已经是新民主主义的。判断一个地方的社会性质是不是新民主主义的,主要地是以那里的政权是否有人民大众的代表参加以及是否有共产党的领导为原则。因此,共产党领导的统一战线政权,便是新民主主义社会的主要标志。"②这段文字确实是《毛泽东选集》中唯一一处涉及"新民主主义社会"提法的地方,而且毛泽东在这里也确实是从反对国民党的斗争来讲的,但是毛泽东在这里又不仅仅是从反对国民党的斗争来讲的,因为在这篇文章的结尾处毛泽东在设想未来中国社会时说:"无论就政治、经济或文化来看,只实行减租减息的各抗日根据地,和实行了彻底的土地革命的陕甘宁边区,同样是新民主主义的社会。各根据地的模型推广到全国,那时全国就成了新民主主义的共和国。"③显然,这里对于未来新民主主义社会的设想,是着眼于整个中国社会发展的战略性设想,而不仅仅是反对国民党的策略性层面考虑。

质疑和否定新民主主义社会理论的论者,其实并没有全面了解和梳理关于新民主主义理论的文献,由此才得出毛泽东等人并没有关于"新民主主义社会理论"明确的提法这一认识。

---

① 李伟:《"新民主主义社会理论"不能成立》,载《探索》2008年第4期。此外,还可参见王桐:《重建"新民主主义社会"思潮评析》,载《中华魂》2012年第5期;黄爱军:《"新民主主义社会论"的说法值得商榷》,载《探索》2010年第5期。
②《毛泽东选集》第2卷,人民出版社1991年版,第785页。
③《毛泽东选集》第2卷,人民出版社1991年版,第785页。

事实上,在《毛泽东文集》中有大量毛泽东关于新民主主义社会的论述,比如:1943年8月8日,毛泽东在中央党校第二部开学典礼上的讲话中说:"中国革命要完成什么任务呢?中国共产党到底要办什么事情呢?就是要办两件事,要换两回朝。"第一件事就是"要把半殖民地半封建社会改变为民主主义社会,即新民主主义社会"。"我们要建立的新民主主义社会,它的基本性质仍是资本主义的,破坏了封建秩序,推翻了帝国主义和封建制度的压迫,而在无产阶级领导下,人民群众充分地发动起来了"①。1944年7月14日,毛泽东在与英国记者斯坦因的谈话中说:"在没有进行土地改革的中国其他地区,仍然是封建土地所有制下的分散的个体小农经济,农民被土地束缚着,没有自由,彼此很少往来,过着愚昧落后的生活。这种经济是中国古代封建主义和独裁专制的基础。未来的新民主主义社会不可能建立在这样的基础上,中国社会的进步将主要依靠工业的发展。"②1947年底1948年初,毛泽东在为中共中央起草的《关于土地改革中各社会阶级的划分及其待遇的规定(草案)》中,使用了"新民主主义的经济形态"这一概念,指出旧中国的半殖民地半封建的经济形态"现在正在被新中国的新民主主义的经济形态所迅速地代替着"③。应该说,"新民主主义经济形态"这样的概念是从社会形态的高度对"新民主主义社会"这一概念进一步的提升。1949年3月,在七届二中全会上的讲话中,毛泽东在强调合作社经济重要性时指出,没有合作社经济"就不

---

① 《毛泽东文集》第3卷,人民出版社1996年版,第56页。
② 《毛泽东文集》第3卷,人民出版社1996年版,第183页。
③ 《毛泽东文集》第5卷,人民出版社1996年版,第57页。

可能由新民主主义社会发展到将来的社会主义社会"①。表明毛泽东已经开始把新民主主义社会作为一个相对独立的发展阶段来认识和把握。

毛泽东本人关于新民主主义社会理论有大量的论述,上述这些材料只是择其要者。那么,把毛泽东关于新民主主义社会的大量论述称之为新民主主义社会理论,这一点在逻辑上和理论研究上并没有什么费解的。马克思本人并没有关于"马克思主义"这一概念的提法,甚至马克思还公开反对过"马克思主义"这样的概念,但这并没有妨碍人们将马克思的思想学说称之为"马克思主义"。

质疑和否定新民主主义社会理论的论者还有一个重要依据,就是援引1951年纪念中国共产党30周年时胡乔木和陈伯达的两篇文章为例,认为中国共产党的重要理论工作者也没有使用过"新民主主义社会"理论的概念和提法。这里涉及两个问题,一是以一些理论工作者的研究和宣传作为判断新民主主义社会理论是否存在的依据是否科学,这一点我们这里不论。二是究竟如何看待胡乔木和陈伯达当时的认识。

胡乔木在纪念中国共产党成立30周年时撰写的著名的《中国共产党的三十年》一文中,确实没有提到"新民主主义社会"这个概念②。不过,在晚年撰写的关于回忆毛泽东的著作中,胡乔木倒是提到了新民主主义社会的问题,指出:"当时,毛主席

---

① 《毛泽东选集》第4卷,人民出版社1991年版,第1432页。
② 实际上,胡乔木在写作这篇文章时的整体历史环境和理论环境已经不可能再提及新民主主义社会理论的问题。关于这一问题笔者在拙著《"欧洲共产党情报局"与中国共产党的关系研究》(陕西人民出版社2012年版)中从战后世界社会主义运动的视角进行了比较细致的研究。

和党中央其他领导同志设想,新民主主义社会将持续较长时间,大约十几年,以后再以不流血的方式向社会主义转变。"①这至少表明,胡乔木认为存在过关于新民主主义社会的设想。

质疑和否定新民主主义社会理论的论者在论证自己观点的过程中还提到了陈伯达为纪念中国共产党成立30周年而撰写的《毛泽东思想是马克思列宁主义与中国革命的结合》,不仅对此文给予了高度的评价,而且把这篇文章中没有涉及"新民主主义社会"这一概念作为否定新民主主义社会理论的重要依据。关于陈伯达,其理论研究一直具有很强的投机性,目前基本上没有人否定这一点。陈伯达在1949年为庆祝斯大林70岁寿辰而撰写的《斯大林与中国革命》一文,完全是站在斯大林的观点上来分析中国革命和毛泽东的理论活动的:"我们党在毛泽东同志领导下,终于在曲折的道路上克服了客观的困难和主观的错误,而把革命进行到胜利,就是因为毛泽东同志关于中国革命性质问题,关于中国革命策略问题,是追随斯大林的学说,是和斯大林的思想完全一致的,并在中国革命的具体实践中,发展了斯大林关于中国革命问题的思想。"②但两年后,陈伯达又在《毛泽东思想是马克思列宁主义与中国革命的结合》中说,毛泽东是"马克思列宁主义在中国最杰出的代表","毛泽东思想乃是马克思列宁主义在东方的发展"。③ 抛开陈伯达在这篇文章中用两条路线来解释中国共产党30年的历史发展在今天看来

---

① 《胡乔木回忆毛泽东》,人民出版社2003年版,第537—538页。
② 陈伯达:《斯大林和中国革命》,人民出版社1952年版,第14页。
③ 陈伯达:《毛泽东思想是马克思列宁主义与中国革命的结合》,载《人民日报》1951年6月28日。

是否科学这一点不论,仅其前后反复的论点是不能作为新民主主义社会理论的检验性依据的。如果按照1949年的《斯大林与中国革命》的观点,恐怕不仅找不到"新民主主义社会理论"的概念,就是"毛泽东思想"的概念也找不到。

至于讲到理论工作者关于新民主主义社会理论的研究,著名的马克思主义理论家和翻译家张仲实是非常值得关注的。新中国成立初期,张仲实就已经明确地把新民主主义理论作为革命理论和社会理论两个部分来加以研究和宣传。

1949年张仲实在《新中国妇女》第2、3期上发表了两篇讲座论文,一是《新民主主义革命(政治常识讲座)》,一是《新民主主义社会(政治常识讲座)》,认为新民主主义革命就是中国共产党领导的民主革命,"它的目的不是建立资本主义社会和资产阶级专政,而是要在第一阶段上建立新民主主义社会和人民民主专政,然后在适当时机转门[到]社会主义和共产主义"[①]。关于新民主主义社会,张仲实认为,"所谓新民主主义社会,就是在工人阶级领导下的以工农联盟为基础的人民大众的社会"。"新民主主义社会同社会主义社会比较,还差一个历史阶段;但是和我国过去的半殖民地半封建社会,乃至同一般资本主义社会比较,却是前进了一大步。"[②]张仲实的这两篇文章在新民主主义理论研究史上和党的指导思想研究上有比较重要的意义,它表明把新民主主义理解为新民主主义革命和新民主主义

---

① 张仲实:《新民主主义革命(政治常识讲座)》,载《新中国妇女》1949年第2期。
② 张仲实:《新民主主义社会(政治常识讲座)》,载《新中国妇女》1949年第3期。

社会两个阶段和两种形态，并非始于今天，即便是在当时的条件下也是一种较为普遍的认识，是新民主主义理论研究和宣传中一个的重要问题。

其实，在新中国建立前后不仅像张仲实等一些党的理论工作者开始研究宣传新民主主义社会理论，就是普通党员群众的政治和历史观念中也基本上已经确立起了新民主主义社会的概念。比如，1949年《中国青年》第2期所载《新民主主义社会建设后的青年团及其他》的问答中有这样一段文字："问：新民主主义社会建设成功后，新民主主义青年团是否要取消？答：新民主主义青年团，是为彻底实现新民主主义而奋斗的先进青年群众性组织，新民主主义社会建设成功，它也就完成了它的历史使命。但在中国建设新民主主义社会，是一个比较长期的任务，决不是三年五年所能完成的，因此青年团必须长期担负起建设新民主主义社会的任务。"[1]上述这些材料表明，"新民主主义社会理论"的讲法和概念不是什么后来的研究者杜撰出来的，它本身是在中国共产党历史中呈现出来的一个概念，一个反映了中国共产党对革命后中国社会基本认识的科学概念。薄一波在《若干重大事件与决策的回顾》中提出，毛泽东在《新民主主义论》等光辉的著作中"包含了关于对新民主主义社会的设想"[2]。至于新中国建立后，有没有过一个独立的新民主主义社会发展阶段，毛泽东为什么要快速中止新民主主义社会理论的实践，已经是另外一个问题了。

---

[1]《新民主主义社会建设后的青年团及其他》，载《中国青年》1949年第2期。
[2] 薄一波：《若干重大决策与事件的回顾》上卷，人民出版社1997年版，第62页。

二、从新民主主义革命到新民主主义社会再到社会主义社会

新民主主义社会理论作为对于革命胜利后中国社会发展一系列问题的理论设想,从后来的实践来看,确实是存在许多不完备的地方的,比如,新民主主义社会的发展体制、基本矛盾、主要任务以及从新民主主义社会向社会主义社会的转变等问题,都还没有系统、全面和深思熟虑的认识。这是后来新民主主义社会理论没有坚持下去的一个重要原因,但是这一点本身并不能成为否定新民主主义社会理论存在的原因。

质疑和否定新民主主义社会理论的论者认为,新民主主义社会理论是与"新民主主义革命理论是性质根本不同和对立的两种思想体系"。"'新民主主义社会理论'不仅是某种政治力量用来否定我国社会主义革命和建设的理论纲领,也是他们用来颠覆我国的社会主义道路,建立他们所向往的'新式资本主义社会'的政治纲领,是他们打出的与社会主义作斗争的旗号。""20多年来,理论界不绝于耳的批判和否定社会主义改造的声音,就是这么来的。问题的实质,就是要不要走社会主义道路。"[①]毛泽东和中共党史的研究,是具有高度政治性的历史研究,不排除一些人利用历史上的问题去体现他们对当下中国的自由主义观点。但是,对于绝大多数理论研究者和党史工作者来说,他们对新民主主义社会理论的研究,其根本的目的在于总结历史经验教训。

---

① 李伟:《"新民主主义社会理论"不能成立》,载《探索》2008年第4期。

其实，早在20世纪80年代初期，党史界就有人提出，面对如此丰富的关于新民主主义社会的史料为什么却没有人去关注和研究毛泽东的新民主主义社会理论？对于这一问题当时著名的党史学者胡华是这样解释的："这么多年来，人们之所以对新民主主义社会这个问题不敢涉及和研究，主要是因为长期以来极'左'政治的影响，特别是'文化大革命'那个不正常年代的影响，人们普遍认为新民主主义社会就是资本主义社会的代名词，提倡新民主主义社会就是为资本主义翻案。在'文化大革命'时期，提倡宣扬新民主主义甚至会给个人和家庭带来毁灭性灾难。"①如果从胡华在20世纪80年代初对这一问题的解释和认识来看，当前关于否定新民主主义社会理论，认为研究新民主主义社会理论就是否定社会主义改造，就是否定中国的社会主义道路，很显然这实际上还是过去传统的思维方式在今天的延续，但这种思维方式已经很难适应快速发展的当代中国对党的历史和理论学术研究的需求了。

从对新民主主义社会理论的质疑和否定来看，实际上包含着对两个重要问题究竟如何认识：一个是新民主主义社会理论中关于资本主义发展的认识，一个是如何认识20世纪50年代中国社会主义改造。

关于毛泽东在形成新民主主义社会理论或设想时对资本主义的阐述，目前学术界已经有许多研究成果，笔者不再加以详细分析。需要指出的是以下几个方面的问题：第一，从相关的方面

---

① 王东：《共和国不会忘记：新民主主义社会的历史和启示》，东方出版社2011年版，第4页。

来看，20世纪40年代中期毛泽东从战后中国社会发展的战略高度对资本主义发展重要性的阐述，是一个客观事实，而且从不同时期不同文献和不同文本比较来看，毛泽东对资本主义的认识高度远比新中国建立后修订出版的《毛泽东选集》中相关文献所体现出来的认识要高得多。第二，在更深的理论层次，新民主主义社会理论涉及在近代以来中国特殊的历史条件下如何认识和处理中国资本主义与社会主义、资产阶级与无产阶级的复杂关系这一问题。从这个意义上说，新民主主义社会理论的核心问题在于，一方面从半殖民地半封建中国历史实际出发高度肯定了资本主义经济在战后中国经济社会发展中的重要意义，另一方面提出发展多个阶级联合专政的民主，而不是一个阶级一个政党的专政[①]。第三，从具体历史来看，毛泽东在高度肯定资本主义发展的重要性时，并没有损害中国共产党和中国革命的事业，相反在新民主主义理论基础上这一时期却是中国共产党在政治和理论上高度成熟，政治向心力和凝聚力高度发展，以陕甘宁边区为代表的各抗日民主根据地的经济社会事业蒸蒸日上的时期。

  关于20世纪50年代中国社会主义改造，1981年中国共产党十一届六中全会已经做了在今天看来都非常科学的评价。不过，这一评价也带有当时的认识条件的特点。从苏联共产党垮台和苏联解体以来社会主义理论和实践新发展的背景下来看，人们的认识也在不断深化。20世纪50年代的社会主义改造在中国确立起了社会主义基本制度，这一点无疑的，正是社会主义

[①] 任晓伟：《"欧洲共产党情报局"与中国共产党的关系研究》，陕西人民出版社2012年版，第80页。

基本制度的确立奠定了中国进步和发展的基石。但在此基础上还有一个问题值得人们继续思考,那就是中国在20世纪50年代建立起一个什么样的社会主义具体制度?很显然,中国参照苏联社会主义模式形成了中国社会主义模式。在当时的历史环境中,中国社会主义制度的确立是战后苏联社会主义模式世界扩展的重要组成部分。用20世纪50年代的政治语言来说,就是"以俄为师",走苏联的道路。但对于今天的人们来说,在研究和认识20世纪50年代的社会主义改造时,必须要区分出两个层次,一是社会主义基本制度,一是苏联模式的体制。就后者而言,中国社会主义体制"基本上是从苏联来的","有好多体制问题要重新考虑"。① 今天人们多少带着一些遗憾去研究宣传新民主主义社会理论,如果说其中有什么要否定的话,那么,否定的则是苏联模式的体制和苏联的发展道路,而这种否定恰恰是对中国特色社会主义发展道路的积极肯定。这样看来,问题的实质并不是要不要走社会主义道路,而是走什么样的社会主义道路,是苏联模式的社会主义老路,还是中国特色社会主义的新路,即如何进一步把科学社会主义与中国实际相结合创新社会主义发展道路。

三、新民主主义社会理论是马克思主义中国化的重大理论创新成果

如前所述,新民主主义社会理论本身有许多不完备的地方,在新中国的历史上也可以说基本上没有得到充分的实践展开,

---

① 中共中央文献研究室编:《邓小平年谱(1975—1997)》上,中央文献出版社2004年版,第376页。

但是这一点非但不影响这一理论的历史地位,反而为后来的学术研究提供了条件,也正因为这样,新民主主义社会理论的研究也才能够成为理论研究中一个难点和热点①。

作为马克思主义中国化的一个创新成果,新民主主义社会理论提供了一个不同于马克思主义经典作家设想的向社会主义过渡的特殊道路。关于落后国家向社会主义的过渡问题,是科学社会主义理论史上一个重要问题。马克思恩格斯在不同时期都对于这一问题进行了设想,但马克思恩格斯基本上没有脱离他们一生强调的先有高度发达的资本主义经济而后有社会主义的认识思路。即便是马克思晚年在俄国革命的出路问题上认为俄国的土地公有制有可能"成为共产主义发展的起点"②,但马克思还是把俄国社会主义的可能性放到了欧洲社会主义的前途上,从这一点看很难说马克思恩格斯有过一个明确的关于落后国家向社会主义过渡的系统思考。在马克思主义学说史上,列宁最早具体提出了落后国家向社会主义过渡的特殊道路问题,特别是在《社会民主党在民主革命中的两种策略》一文中列宁集中从理论上阐述了落后的俄国向社会主义的过渡问题。列宁所阐明的新型民主革命理论,既包含了无产阶级如何领导资产阶级革命的问题,也包含了从工农苏维埃政权的基础上向社会主义的过渡问题。但与毛泽东的认识相比,列宁与毛泽东的不同主要是两个方面:一方面,从视角上看,列宁并没有从社会制度和社会发展道路的层面思考过这一问题;另一方面,从历史内

---

① 刘晶芳:《新民主主义革命史研究若干难点热点问题》,载《党的文献》2012年第2期。

② 《马克思恩格斯选集》第1卷,人民出版社1995年版,第251页。

容来看，列宁是在排挤了资产阶级后来思考过渡问题的，与毛泽东关于政治上联合资产阶级、经济上发展资本主义的新民主主义社会的过渡道路设想是不同的。很显然，毛泽东的《新民主主义论》《论联合政府》是对列宁《社会民主党在民主革命中的两种策略》一书基本思想的继承和创新发展。在新民主主义社会理论的指导下，中国共产党开始从社会制度建构和社会发展道路的具体样态的层面涉及了落后国家向社会主义过渡的特殊性，这其实也是在帝国主义的整体性时代条件下对于落后国家出路、发展和前途的一种思考。上述是从科学社会主义发展这个层面上来看的，如果从近代以来中国社会主义思想演进的层面看，人们则可以看到新民主主义社会理论的另一层重要意义。

在20世纪初期马克思主义传入中国之前，中国的社会主义思想作为对近代民族危机和国家重建的一种反映，就已经以一种自在的方式出现在中国政治思想史上，并逐渐演化出以洪秀全、康有为和孙中山为代表的近代中国的三大空想社会主义思想形态。这些思想的一个共同特点，就是试图用社会主义的思想意识去超越半殖民地半封建社会的历史现实，而且现实的社会危机越是沉重，思想对历史现实的超越性也就越强，从而形成康有为的"大同"理想、孙中山"让中国成为世界上第一个社会主义国家"①的信念，但这些依靠幻想的条件形成的社会主义思想意识却在真实的历史中不具有适应性，也无法开辟自己的实践路径。"五四"后，马克思主义在中国的广泛传播，开始为中

---

① 马·拉什丽娜：《第二国际和中国革命》，王鹏译，见《国际共运史研究资料》第13辑，人民出版社1985年版，第292页。

国社会主义的思想规定性与半殖民地半封建社会现实的物质规定性的结合创设了理论条件,推动着中国的社会主义思想以自己的方式从空想向科学转变。①

如果说马克思主义在中国的广泛传播推动了中国社会主义开始从空想向科学转变,那么,新民主主义社会理论的形成则标志着在中国革命的阶段上这一转变彻底完成。在新民主主义社会理论的框架内,中国共产党一方面表现出对于自己意识形态思想的忠诚性,另一方面则又充分考虑到中国落后的社会经济条件所产生的物质规定性对于中国社会主义的历史制约性,从而实现了中国社会主义思想史上思想规定性与物质规定性之间的平衡。如果思想意识超越了物质条件的制约,这就表现为一种民粹社会主义的思想倾向;如果因为物质条件的制约而有意识地抑制思想意识本身的规定性,就会形成一种社会民主主义的倾向。使中国社会主义思想史上的思想规定性和物质规定性统一起来,相互制约,造就了新民主主义社会理论对中国社会主义思想不可磨灭的历史地位。

新民主主义社会理论所包含的关于落后国家向社会主义过渡的思考,以及关于中国社会主义的思想规定性与物质规定性的统一和平衡,集中体现了毛泽东对发展马克思主义的创新性贡献。这不仅对经典科学社会主义学说以及近代以来中国社会主义思想的发展具有超越意义,而且揭开了此后整个中国社会主义思想的发展逻辑,而这一点也恰恰是中国特色社会主义理

---

① 参见任晓伟:《中国特色社会主义的思想起源》,中国社会科学出版社2017年版,第一、二章。

论和发展道路的实质所在。新民主主义社会理论与中国特色社会主义理论的内在一致性,主要体现在两个层面。一是历史承接性。新民主主义社会理论回答的是落后国家在革命胜利后如何向社会主义过渡,而中国特色社会主义理论回答的则是落后国家建立了社会主义基本制度后如何建设和发展社会主义,这两个问题在历史和理论上具有直接的承接性。当然,如何从更宽广的意义上去理解"过渡"的话,那么新民主主义社会理论所提出来的问题事实上还在当代中国特色社会主义的认识和实践中被延续着。二是在发展马克思主义问题上认识的一致性。中国特色社会主义理论作为马克思主义与中国改革和发展实践相结合的产物,在思想史的意义来看,其实是在新的历史和时代条件下对社会主义思想意识规定性和中国自身的物质规定性历史平衡的理论构建,或者说是这一历史平衡在新的理论高度上的观念反映和认识抽象。从这个意义上说,新民主主义社会理论的研究构成了中国特色社会主义理论史研究的重要内容,并且有助于从中国社会主义思想史演进的视角深化关于中国特色社会主义的认识。

四、科学评价斯大林对毛泽东的理论影响:以迈斯纳《中国共产党历史上的斯大林主义》为视角

斯大林对毛泽东的影响是新民主主义思想研究史上一个重要问题,也是许多毛泽东研究者非常感兴趣的一个重要问题。在研究新民主主义社会理论的历史地位时,科学地评价斯大林对毛泽东的理论影响,对于深入把握新民主主义思想的源起和走向具有重要价值。在目前关于斯大林对毛泽东理论影响的研究中,莫

里斯·迈斯纳(Maurice Meisner)的研究具有相当的代表性。

迈斯纳是美国著名的毛泽东和中共党史问题研究专家,也是西方毛泽东研究领域中具有重要影响的学者。迈斯纳的《李大钊与中国马克思主义的起源》《毛泽东的中国以及后毛泽东的中国》《马克思主义、毛泽东主义和乌托邦主义》《毛泽东传》都是当代西方关于毛泽东生平和思想研究中的重要著作。《中国共产党历史上的斯大林主义》一文是20世纪90年代中后期迈斯纳针对一些西方学者对毛泽东在马克思主义发展史上理论地位的攻击而撰写的一篇捍卫毛泽东历史地位的理论文章,后来被收入美国著名学者阿里夫·德里克等人编著的《毛泽东思想的再审视》一书之中,1997年由美国新泽西州人道出版社出版。在这篇文章中,迈斯纳着重围绕着中国革命、社会主义建设和改革的进程,分析研究了"毛泽东主义"(Maoism)和斯大林主义的关系。与迈斯纳的其他论著相比,这篇文章在目前我国党史学界还较少有人提到,但在迈斯纳本人的学术思想和西方毛泽东研究史上,应该说这篇文章是比较重要的,它既涉及关于毛泽东和中共党史研究中一些深层次理论和历史问题,同时也显现出当代西方学者关于毛泽东研究的一些新特点,这些都值得我们认真正确地研究和反思。

从20世纪三四十年代毛泽东思想形成发展的整个过程中来看,是处于斯大林主义在整个马克思主义理论史和社会主义运动史上居主导地位的时期。那么,在这样一个时期,毛泽东和斯大林在理论上是一个什么关系,以及这一关系对于当代中国发展有什么样的影响?西方毛泽东和中共党史研究者津津乐道于这一问题。虽然其中不乏客观研究这一问题的学者,但是也有许多人把毛泽东的思想理论看作为斯大林主义在中国的一种形式,以此为批判和否定毛泽东在马克思主义理论史上的地位提供理论基础。迈斯纳正是从西方毛泽东思想和中共党史研究的这一现实情况提出要正确认识"毛泽东主义"和斯大林主义关系这一问题。

迈斯纳在分析西方学者的观点时说,在认识毛泽东和斯大林之间的理论关联性时,"最简单地办法就是认为毛泽东主义是斯大林主义在中国的一种形式。确实,近些年来,把毛泽东主义和苏联的斯大林主义等同起来,这已经成为西方学者中非常时髦的观点(在西方的新闻记者中则更是一种时髦)。在后毛泽东时代出现的把毛泽东主义与斯大林主义混同起来,在曾经是毛泽东的崇拜者中也是一种显著的现象。这些人不再对他们失落的偶像抱任何的幻想,很显然开始在反思自己早些时候的愚蠢中寻求安慰"①。在指出这些现象的基础上,迈斯纳进一步指出了用所谓"极权主义理论"框架来分析毛泽东和斯大林之间理论关系的荒谬之处。西方保守的右翼学者多年以来一直用冷战时期形成的所谓"极权主义理论"模式来开展对社会主义国家各种问题的研究,至今这都是大多数西方学者研究社会主义国家历史和现实问题的主要方法。但是作为对复杂事物简单抽象形成的极权主义理论,如同任何其他简单的教条主义意识形态理论一样,是无法解释许多具体的复杂的历史现象的。与其说极权主义理论提供了一种分析框架,不如说它更是适应了

---

① Maurice Meisner, "Stalinism in the History of Chinese Communist Party," in Arif Dirlik, Paul Healy, Nick Knight, eds., *The Critical Perspective On Mao Zedong Thought*, New Jersey: Humanities Press, 1997, p. 184.

西方国家对社会主义国家意识形态攻击的政治需要,构成了西方理论界关于中国问题研究中政治偏见的重要理论基础。对于当代中国研究中的偏见"是指研究者的这样一种倾向,由于种种不同原因而故意或无意识地在他们的研究中忽视一些明显的事实;强调一些概念、术语和类型而刻意排除了其他的概念、术语和类型;以一种炫耀的方式来呈现他们的研究"[①]。也正是看到了这一点,迈斯纳认为:"无论是在中国,还是在国外,把毛泽东主义与斯大林等同起来,都是服从于许多当代特定政治、意识形态和心理需要的。但二者真实的关系却是一个从一开始就充满巨大和令人困惑的复杂和紧张的问题。确实,毛泽东主义中有许多方面是很明显地与斯大林主义相近的(最明显的,就是个人崇拜现象)。这部分是由于这两种意识形态产生的落后国情的相似性决定的,部分是由于莫斯科对国际共产主义运动近半个世纪的统治。但是,二者却有着深层次的不同。没有什么比把毛泽东主义作为斯大林主义在中国的一种形式(这其实也是否定了问题本身)更能够掩盖二者的不同并模糊二者真实的历史和意识形态关系。这是一个容易的但完全错误的等同。"[②]迈斯纳的这一评论,应该说是比较深刻和有见地的。虽然这主要是从西方毛泽东思想和中共党史研究的文本环境中提出来的,但对于我们思考这一问题也是有意义的。

---

① Tai Chun Kuo, Ramon H. Myers, *Understanding Communist China, Communist Studies in the United States and the Republic of China, 1949–1978*, Stanford: Hoover Institution Press, 1986, p. 9.

② Maurice Meisner, "Stalinism in the History of Chinese Communist Party," in Arif Dirlik, Paul Healy, Nick Knight, eds., *The Critical Perspective On Mao Zedong Thought*, New Jersey: Humanities Press, 1997, p. 185.

其实,迈斯纳这里所说的把"毛泽东主义"与斯大林主义等同起来,即便在中国也是一种影响不小的观念形态。不同的是,在中国情况更为复杂一些。因为这样一种认识可以同时服务于两种目的:一方面,在把毛泽东与斯大林在理论上等同的基础上可以通过否定斯大林来否定毛泽东,通过否定斯大林的理论和模式来否定毛泽东的理论和模式;另一方面,对于另外一些人来说,则在把二者等同的基础之上,通过捍卫毛泽东来捍卫斯大林的地位,进而为传统的体制模式辩护。这些情况要远远比迈斯纳所描述的情况复杂的多得多。在西方学者中,这最多也是一个具有浓厚意识形态情节的学术问题,但在中国,这则是一个具有深厚学术情节的意识形态和政治问题。不过,仔细分析起来,当代中国环境中,在毛泽东和斯大林理论关系认识上呈现出来的这种认识分化所反映出来的一个客观事实,就是对于这一问题系统学术研究的缺失。单纯从理论研究本身来看,目前一种客观上的学术趋向就是把斯大林主义作为一种理论阶段略去,直接从马克思主义、列宁主义的理论和实践中探求毛泽东思想的主要来源和整个中国马克思主义的理论渊源。但问题的关键不在于规避这一问题,而是正确理解和认识这一问题,无论从毛泽东思想和党史研究的学术价值和现实政治价值来说,这都是一个非常重要的问题。从这个意义上来看,其实迈斯纳提出了一个有学术价值和现实意义的"老问题"。

那么,如何认识毛泽东和斯大林之间的理论关系?迈斯纳在提出这一问题后,按照自己的视角和方式来探索这一问题。

斯大林主义是在斯大林去世后出现的一个政治概念,从当时的背景来看,这一概念在西方报刊上最初形成本身包含着西方国家反苏反共和反社会主义的强烈意识形态指向性和批判性。不过,在后来多年的研究中,一般情况下人们把斯大林主义看作为斯大林在领导苏联社会主义建设过程中形成的基本理论、基本观点和基本方法及其在苏联社会主义制度中的基本体现。作为复杂历史和政治环境的产物,斯大林主义在马克思主义理论史上的出现不是偶然的,而是有一定的必然性,是苏联早期社会主义建设历史条件的观念反映。如果单纯从马克思主义学说来衡量,其中有马克思主义的因素,有与马克思主义不同的因素,也有一些背离马克思主义的因素,是这些不同因素在一定的历史条件下的理论和政治聚合。但是,令人遗憾的是,迈斯纳虽然反对用极权主义的意识形态理论来分析"毛泽东主义"和斯大林主义的关系,但是他对斯大林主义的认识却仍然无法走出意识形态的束缚。迈斯纳与一些西方学者一样,把斯大林主义看作一种与马克思列宁主义根本不同的理论,认为:"斯大林主义不仅是社会主义革命的热月反动,而且也是与社会主义本身对立的,是马克思主义和列宁主义的对立物。简单地说,斯大林主义意味着革命的死亡和任何为社会主义目标庄严奋斗的中止。"[1]迈斯纳显然没有意识到这一问题,即如果以一种托洛茨基式的理解把斯大林主义看作马克思主义的对立物,那么从什么前提出发来分析研究斯大林与毛泽东的理论关系这一问题。对于毛泽东的思想属性问题,虽然迈斯纳在这里并没有说,但在他著名的《马克思主义、毛泽东主义和乌托邦主义》一书中,他

---

[1] Maurice Meisner," Stalinism in the History of Chinese Communist Party," in Arif Dirlik, Paul Healy, Nick Knight, eds., *The Critical Perspective On Mao Zedong Thought*, New Jersey: Humanities Press,1997,p. 188.

始终坚持毛泽东恪守马克思列宁主义的传统,认为"毛泽东的目标和思想类型基本上是来源于马克思的知识和政治传统,这一点毛泽东本人认识是非常清楚的"①。那么,把一个不是马克思主义的理论与一个马克思主义的理论比较研究时,必然要形成许多解释上的困惑。

关于中国革命进程中毛泽东和斯大林的思想关系,迈斯纳通过对毛泽东《湖南农民运动考察报告》以及延安时期毛泽东马克思主义中国化的基本思想及其与"28个布尔什维克"斗争的分析,认为"毛泽东主义首先是作为对斯大林主义保守主义的激进反对而出现的"。"在斯大林时代的共产党中,毛泽东是非常独特的一个,毛泽东获得党的领导地位,不仅没有斯大林的庇护,而且直接是对苏联专断的背离。"②相对于把毛泽东的思想看作斯大林主义在中国的变形的理论观点,迈斯纳的这一观点是客观的,也是进步的。但是,迈斯纳在反对"变形论"的同时,却又走向了另外一个极端,把中国革命中毛泽东和斯大林之间的理论关系看得过于简单了,只强调了二者的不同,而忽略了其中的妥协性和相适性。

从中国新民主主义革命的进程来看,毛泽东新民主主义思想中所包含的关于中国革命一系列重大问题认识的形成离不开对斯大林主义的斗争。在中国革命的历史语境中,教条主义既是指脱离实际的对马克思主义的文本阅读,同时也是指以斯大

---

① Maurice Meisner, *Marxism, Maoism and Utopianism*, Madison: the University of Wisconsin Press, 1982, p.111.
② Maurice Meisner, "Stalinism in the History of Chinese Communist Party," in Arif Dirlik, Paul Healy, Nick Knight, eds., *The Critical Perspective On Mao Zedong Thought*, New Jersey: Humanities Press,1997, p.189 – 190.

林主义理论形态出现的苏联革命经验和实践。但在当时的条件下,毛泽东的思想和斯大林主义并不是单纯的对立关系,而是一种复杂的张力关系,有迈斯纳所说的斗争性,同时也有适应性和妥协性。这种张力关系在不同的历史阶段上,呈现出不同的具体样态,而每一个样态都具有自己的特点和历史现实。比如,在中国革命发展最后阶段的1947—1949年,迈斯纳的观点就无法解释这一时期毛泽东的思想和斯大林主义的关系。如果说,在这个阶段之前理论上的斗争性更多一点,那么在这个阶段理论上的妥协性则要更明显一些。在这个阶段,面对新中国建立前后特殊的国际和国内发展环境,中国共产党对于斯大林主义做了许多理论上的妥协,甚至开始不提毛泽东思想、不提马克思主义中国化,而是把斯大林主义看作指导中国革命胜利的思想指南。当然,这种妥协并不简单是所谓策略层面上的,事实上它所带来的对中国共产党理论和政治思维的影响是深层次的,一定程度上是与新中国发展道路和制度抉择内在关联在一起的。可以说,这一时期毛泽东思想中的斯大林主义因素,即毛泽东所接受的斯大林社会主义理论观点,是推动新中国建立后快速从新民主主义向社会主义转变、经济发展方式快速苏联化的重要因素。

如果像迈斯纳所认为的,"毛泽东主义中没有什么是斯大林主义的东西"[1],那么斯大林主义对中国的影响,对于1949年后新中国发展的影响这一问题又何从谈起?迈斯纳似乎意识到

---

[1] Maurice Meisner,"Stalinism in the History of Chinese Communist Party", in Arif Dirlik, Paul Healy, Nick Knight, eds., *The Critical Perspective On Mao Zedong Thought*, New Jeresy:Humanities Press,1997, p.189.

这一问题对他分析新中国建立后毛泽东和斯大林之间理论关系所带来的困境,因此在后面的分析中他使用了"相似性"(similarities)这一概念。

关于新中国成立后毛泽东和斯大林之间的理论关系,迈斯纳认为新中国建立后毛泽东的思想中确实存在着许多与斯大林主义的相似性。但这种"相似性"并不能为关于毛泽东的思想是斯大林主义在中国的变形这一观点提供基础。迈斯纳认为,毛泽东和斯大林之间的思想相似性是不能"被忽视的,但是这种相似性也不用来模糊二者之间的深刻区别"①。这一深刻区别主要在于,"斯大林主义是一种深刻的保守的社会和意识形态现象,斯大林主义和毛泽东主义之间的巨大区别是明显的。后革命时代,特别是毛泽东最后20年中,毛泽东主义最为典型的特征不是它的社会保守主义,而是它的社会和意识形态的激进主义"②。保守主义还是激进主义是迈斯纳划分毛泽东和斯大林之间理论区别最主要的标准,迈斯纳这里讲的激进主义,其实也就是他在《马克思主义、毛泽东主义和乌托邦主义》中所讲的"乌托邦主义"。虽然在这部著作中迈斯纳并没有涉及毛泽东和斯大林比较的问题,但还是可以看到他关于毛泽东和斯大林之间理论区别的认识是与这一著作的理论观点一致的。

从保守主义还是激进主义的视角来认识新中国建立后毛泽

---

① Maurice Meisner, "Stalinism in the History of Chinese Communist Party," in Arif Dirlik, Paul Healy, Nick Knight, eds., *The Critical Perspective On Mao Zedong Thought*, New Jersey: Humanities Press, 1997, p. 193.

② Maurice Meisner, "Stalinism in the History of Chinese Communist Party," in Arif Dirlik, Paul Healy, Nick Knight, eds., *The Critical Perspective On Mao Zedong Thought*, New Jersey: Humanities Press, 1997, p. 195.

东的理论和实践时，迈斯纳认为，被许多西方学者所研究的关于毛泽东和斯大林的专制问题便具有了另外一种意义。迈斯纳认为，在更广阔的意义上看，毛泽东和斯大林的历史相似性并不在于具体的体制，而在于政治上的集权和专制。但是，毛泽东的个人崇拜和专制与斯大林的个人崇拜和专制有本质的不同。毛泽东的个人崇拜和专制是适应反对斯大林式的政治和社会保守主义的需要，是反官僚化的产物；而斯大林的个人崇拜和专制则是社会保守主义和国家官僚化本身的产物。"在与官僚化主导做斗争的过程中，毛泽东能做的也只能是依靠自己的声望和个性，依靠领袖个人崇拜这一不可避免的以古老和异化形式出现的方法，依靠只能加剧社会权力异化为政治权力崇拜现象的一种构造。"①当然，在2007年出版的《毛泽东传》中，迈斯纳也坚持与此相同的认识，认为："如果从更广的历史视野来看毛泽东的革命生涯，很显然在社会革命和个人专制之间并没有必然的联系。在按照列宁主义的权威主义观念建立的共产党中，毛泽东有时是一个非常无情的领袖，但是把任何一个其他有效率的领导人放在相似的艰难的历史和政治环境之中，毛泽东的专制可能并不会比他们更多。"②这一观点也是迈斯纳所认为的毛泽东主义与斯大林主义本质不同的社会历史根源。

迈斯纳试图为毛泽东的历史地位辩护，这一点是值得敬重的。但是，在脱离了中国历史和实际后，从政治激情主义视角形

---

① Maurice Meisner, "Stalinism in the History of Chinese Communist Party," in Arif Dirlik, Paul Healy, Nick Knight, eds., *The Critical Perspective On Mao Zedong Thought*, New Jersey: Humanities Press, 1997, p.192.

② Maurice Meisner, *Mao Zedong*, Malden: Polity Press, 2007, p.194.

成的上述关于毛泽东与斯大林政治集权本质不同的分析,终究无法形成对当代中国发展的科学解释。

新中国成立后,毛泽东和斯大林的理论关联是非常复杂的一种政治和历史现象。在从新民主主义向社会主义过渡和中国按照苏联发展模式完成了"一五"计划后,斯大林关于社会主义的基本理论对毛泽东的社会主义理论产生了强烈持久的思想影响。1956年苏共二十大后,毛泽东关于走自己的建设道路的思想以及对社会主义改革的探索,实际上就是探索走出斯大林主义影响的过程。在这个过程中,形成了一些中国的政治和经济特点。表面上看,确实是迈斯纳说的政治激情主义和乌托邦精神。比如,在经济上,形成了一种在政治运动中组织和动员经济的计划模式;在政治上,形成了以阶级斗争理论为基础的大鸣、大放、大辩论、大字报的"大民主"方式。但在这些表层下,以斯大林社会主义为蓝本的传统观点不断以一种特殊方式在中国被强化,特别是在社会主义条件下阶级斗争问题的认识上。在迈斯纳所着重分析的集权专制问题上,毛泽东晚年的思想与斯大林主义之间其实无本质的不同①。不少西方学者至今高度认可中国"文化大革命"中的所谓"民主"形态并对其辩护,迈斯纳不同的是,他并不否定这是一种基于个人专制和崇拜的政治形态,

---

① 哈佛大学安德鲁·瓦尔德教授正确地看到了这一点,认为"如果把这种激进主义放置到正确的视角下,我们能够看到它作为一种反应性的极端主义(reactive extremism),其前提是直接来源于斯大林主义"。但是当他在分析毛泽东的这种激进主义表现的具体政治形式时,却错误和荒谬地把它与法西斯主义、当代伊斯兰主义等同了起来。参见Andrew G. Walderp, "Cultural Revolution Radicalism: Variation on a Stalinist Themes," in William A. Joseph, etc. , eds. , *New Perspectives On the Cultural Revolution*, Harvard:Harvard University Press, 1991, p.61,p.47。

但他从政治激情主义与政治保守主义区分的视角对其进行了辩护,最终目的与那些直接为毛泽东晚年错误进行学术辩护的西方学者客观上是一致的。

在早期的研究中,比如1974年发表的《毛泽东主义中的乌托邦社会主义论题》一文中,迈斯纳认为,虽然毛泽东坚持经典马克思主义所设想的未来社会发展的乌托邦目标,但是,"他们在对这一问题的历史性理解上却有巨大的不同"①。在迈斯纳看来,"在把马克思主义与乌托邦主义区别开来的三个主要问题的基点来看,毛泽东主义很明显更倾向于后者而不是前者。第一,毛泽东主义放弃了马克思主义关于工业资本主义是历史发展中一个必要和进步的阶段以及是社会主义前提的这一假定(premise)。第二,毛泽东否定了马克思主义关于社会主义前途的承担者这一信念。第三,毛泽东主义用一种把人的意识和道德潜力看作社会历史发展决定性因素的自觉信念取代了马克思主义关于历史客观规律的信念。而对马克思主义的这些偏离,直接建立在对于现代历史中城市和乡村关系的毛泽东主义式的认识中。"②遗憾的是,迈斯纳并没有能够始终坚持这一观点去研究新中国建立后毛泽东的思想发展及其曲折,而是在与斯大林主义相区别的层面上走向了对毛泽东晚年在一些方面违背马克思主义的肯定。而对于中国革命和新中国建立后毛泽东和斯

---

① Maurice Meisner, "Utopia Socialist Themes in Maoism," in Hohn Wilson Lewis, *Peastant Rebellion and Communist Revolution in Asia*, Stanford:Stanford University Press, 1974, p. 208.

② Maurice Meisner, "Utopia Socialist Themes in Maoism," in Hohn Wilson Lewis, *Peastant Rebellion and Communist Revolution in Asia*, Stanford: Stanford University Press, 1974,p. 240.

大林之间理论关联性分析的误区,使得迈斯纳在分析当代中国的发展,即"后毛泽东时代"的发展时,走向了更大的认识误区。

如果说,当把社会激进主义作为马克思主义和"毛泽东主义"的根本标志来研究中国革命和新中国早期发展中毛泽东和斯大林的理论关联性时,迈斯纳还只是提出了一些让中国人感到疏远和无法理解的观点,那么,当迈斯纳再次用政治保守主义和社会激进主义来分析当代中国改革的发展,他则完全陷入了一种非历史和非现实的逻辑自误之中。

在对当代中国改革问题的分析上,与许多其他西方学者的定性研究一样,迈斯纳也试图在对中国改革发展的定性研究上提出自己的认识。但与其他西方学者多用"资本主义"和"社会主义"的分析框架来研究中国改革发展不一样,迈斯纳把这一问题放置到了他所研究的"毛泽东主义"和斯大林主义的对比框架内来认识。

迈斯纳看到当代中国改革发展中出现了许多新事物,从他研究的视角看,这新事物也就很自然地与非斯大林主义联系在了一起。迈斯纳认为,邓小平改革时代的许多政治、经济、文化和社会方面的政策,比如个人崇拜的取消,市场化的经济改革,大规模平反冤假错案,决策的理性化,文化领域中不断扩大的自由,广大人民群众生活水平的提高,都表明了"与过去毛泽东主义中的斯大林主义特征的鲜明断裂"[1]。从对传统政治经济体制改革的视角来看,迈斯纳这里的分析毫无疑问是有道理的。中国改革发展的

---

[1] Maurice Meisner," Stalinism in the History of Chinese Communist Party, "in Arif Dirlik, Paul Healy, Nick Knight, eds., *The Critical Perspective On Mao Zedong Thought*, New Jersey: Humanities Press,1997, p.200.

进程以及整个中国特色社会主义形成和发展的进程,在一定意义上,也是中国共产党领导下中国人民不断探索改革以斯大林主义为理论基础和以苏联模式为发展基础的传统体制的过程。

但是,在迈斯纳看来,当代中国的发展远远不是一个单纯与斯大林主义"断裂"的过程,而是一个斯大林主义化和非斯大林主义化混同发展的过程。"在后毛泽东时代的中国,斯大林主义的倾向是与非斯大林主义的进程、兼容并蓄的新的市场力量,以及一种并不容易预见的最终社会结果混合在一起。但是,能把毛泽东主义与斯大林主义最显著加以区别的是毛泽东主义中的社会激进主义,而很显然的是,后毛泽东时代的社会保守主义则更加接近斯大林主义。"①迈斯纳所认为的当代中国改革发展中的"更加接近斯大林主义"的特征表现在以下四个方面:第一,政治方面,主要是中国"官僚政治的制度化和理性化"。迈斯纳认为,中国政治改革的核心就是要按照韦伯官僚政治的基本原则来建立稳定的有效率的和专业化的队伍,这无疑是扩大毛泽东在其最后 20 年所担心的"统治者和被统治者的鸿沟"。此外,党的官僚化还体现为在非工农中扩大党员的数量,从而改变了党的社会构成。第二,在社会方面,新的社会不平等在不断迅速扩大,这是过度依赖市场经济发展的力量以及农业生产中的非集体化、私人企业的增长、医疗教育的部分私有化所产生的一个"自然和不可避免的结果"。第三,由于专家和知识分子精英社会地位的提升,导致了脑力劳动和体力劳动之间差距的不

---

① Maurice Meisner, "Stalinism in the History of Chinese Communist Party," in Arif Dirlik, Paul Healy, Nick Knight, eds., *The Critical Perspective On Mao Zedong Thought*, New Jersey: Humanities Press, 1997, p. 202.

断扩大。第四,社会意识形态上,在许多方面"再现"了斯大林主义的倾向。迈斯纳所说的这种"再现"主要是指当代中国马克思主义理论中关于"先进的社会制度和落后的社会生产力之间的矛盾"的社会主要矛盾理论,把社会主义不是如同毛泽东那样作为一个过程,而是作为一个斯大林主义所说的"制度"来加强和完善的社会发展理论,从斯大林主义文本中借用来的"客观规律",以及把社会主义和共产主义发展目标"仪式化"(ritualization)。迈斯纳认为,上述四点中的最后一点是当代中国马克思主义理论中与斯大林主义相似性最为明显的地方。"在当代中国马克思主义理论中,马克思主义的目标已经从人们的活动领域中被取消,而托付于非人化的历史'规律',这种'规律'与生产力的逐渐发展相适应以一种进化的方式表现出来。"①

在这里,人们可以看到西方学者在解读当代中国发展时出现的一种内在矛盾:一方面,他们倾心于对当代中国发展的研究,试图寻找出一种解释性理论框架;另一方面,又无法深入当代中国历史和现实真实发展的境遇之中。因此最后只能借助于简单的意识形态概念来建立一种所谓逻辑上的自洽性,而这种脱离了当代中国发展实际后的逻辑自洽性,实际上也只能是一种逻辑自误。

对于迈斯纳的上述分析,其实还使人感觉到无法理解的一个困惑:一个对"五四"以来中国政治思想,特别是马克思主义

---

① Maurice Meisner, "Stalinism in the History of Chinese Communist Party," in Arif Dirlik, Paul Healy, Nick Knight, eds., *The Critical Perspective On Mao Zedong Thought*, New Jersey: Humanities Press, 1997, p. 202.

思想史发展有多年研究和深刻理解的人,为什么对于当代中国发展的认识却如此简单僵化,以至于有时候背离了基本的历史事实。比如,迈斯纳把先进的社会制度与落后的社会生产力之间的矛盾看作当代中国马克思主义理论中的重要观点,而且认为这一观点是出自对斯大林主义的仿制。但是,一个简单的事实是,这一观点并不是始于改革开放以后的当代中国,而是始于1956年的中共八大。另外,当代中国马克思主义理论中的社会矛盾理论,其核心观点并不是迈斯纳所说的先进的社会制度与落后的社会生产的矛盾,而是人民群众不断发展的物质文化需要与这种需要不能被满足的矛盾这一观点。再比如,迈斯纳把当代中国社会不平等的理论原因归结到对"按劳分配"(payment according to work)原则的弹性解释上去。迈斯纳并没有具体说明这种"弹性"所指,但可能是指当代中国按劳分配理论中不仅强调劳动的数量,而且强调或更加强调劳动的质量这一点。这样一个根源于马克思主义政治经济学的基本观点却被理解为当代中国马克思主义理论中的斯大林主义特点之一。

此外,迈斯纳的论证方法有时又非常附会牵强。比如,在分析中国共产党党内构成的所谓斯大林主义倾向时,迈斯纳指出,邓小平经常抱怨党的干部缺少专业化和现代化技术知识,"而这是直接遵照斯大林主义的步子。在20世纪30年代,应该能够想起,斯大林命令党在专业人才、技术专家和知识分子中招收新的成员,这一命令当然是被充分地执行了"[1]。仅仅是在斯大

---

[1] Maurice Meisner, "Stalinism in the History of Chinese Communist Party," in Arif Dirlik, Paul Healy, Nick Knight, eds., *The Critical Perspective On Mao Zedong Thought*, New Jersey: Humanities Press, 1997, p. 201.

林那里找到一个相似的"命令",由此迈斯纳就完成了对中国共产党党员构成斯大林主义化的论证,而这样的相似法论证则是迈斯纳分析当代中国斯大林主义化倾向最主要的方法。通过这样一个简单、粗糙方法形成的观点所具有的分析力和解释力,是可想而知的。

深层次上看,其实,在迈斯纳研究的背后反映出迈斯纳甚至是整个一代西方学者面对当代中国发展问题时的困惑,这种困惑源自对当代中国经济政治改革和社会结构变迁的困惑,源自对落后条件下建设社会主义的特殊规律、特殊道路和特殊现象的不解,源自意识形态的教条主义理念与无法深入理解当代中国历史和现实发展实际的矛盾。迈斯纳正确地认为,"无论是毛泽东时代还是后毛泽东时代的中国都需要被理解为一种按照中国自己的历史、变量以及矛盾所决定的与众不同的现象"[1]。这一点无疑是科学的,也是客观的,但要在学术研究中做到这一点,却并非易事。即便是对于迈斯纳这样一个用一生来研究毛泽东和中共党史的让人敬重的学者,要做到这一点,同样并非易事。

归结起来说,在20世纪30—50年代斯大林在马克思主义理论和国际共产主义运动发展具有巨大影响的历史条件下,新民主

---

[1] Maurice Meisner," Stalinism in the History of Chinese Communist Party," in Arif Dirlik, Paul Healy, Nick Knight, eds., *The Critical Perspective On Mao Zedong Thought*, New Jersey: Humanities Press,1997, p.203. 关于这一方面的问题,可另参见 Adrian Chan, *Chinese Marxism*, New York:Continuum, 2003。这本书关于毛泽东和中国马克思主义发展许多问题的研究是比较深刻的,特别是试图摆脱费正清建立的美国汉学家研究毛泽东的学术传统,试图从中国自身发展的内部去建立一种新的学术架构。但是此书在对当代中国发展的分析上比迈斯纳走得更远,迈斯纳还只是认为当代中国发展中存在"斯大林主义的趋向",而此书则直接把当代中国的发展定性为"热月反动"(Thermidorian Reaction)。这显然是基于托洛茨基理论提出的一个错误观点。

主义思想的形成和发展受到斯大林和苏联马克思主义的强烈影响，这一点是客观的。离开了这一点，或者说，看不到斯大林对中国共产党的强大观念影响，对新主主义思想的认识就是非历史的。1941年5月，毛泽东在《改造我们的学习》中评价斯大林主持编写的《苏联共产党（布）历史简要读本》［即著名的《联共（布）党史简明教程》一书］时说："《苏联共产党（布）历史简要读本》是一百年来全世界共产主义运动的最高的综合和总结，是理论和实际结合的典型，在全世界还只有这一个完全的典型。"①这本身就表明了斯大林和苏联马克思主义对革命时期中国共产党人强大的理论和观念影响。但与此同时，以毛泽东为代表的中国共产党人又不断与斯大林的理论和苏联马克思主义观念中不符合中国革命的理论和观念进行斗争，致力于在中国的条件下创新马克思主义，形成了新民主主义思想，从而在理论和实践的结合中科学回答了中国革命的道路和近代以来中国的出路问题。只有辩证地科学看待斯大林对毛泽东和中国共产党人的影响，才能在国际环境和中国发展环境中理解和把握中国共产党人的理论创新以及新民主主义思想在推进马克思主义中国化进程中的地位。

附带指出，从迈斯纳的这一研究中也可以透射出国外毛泽东研究特点。国外学者关于毛泽东的研究是当代国外政治理论知识域中的一个重要组成部分。20世纪90年代以来，随着整个世界政治发展的巨大变迁以及许多新兴问题的突显，国外学者关于毛泽东的研究也出现了一些新变化。一个大的变化就是研究方法逐渐从历史性的叙述走向更多理论性的阐述，从以文献为主的

---

① 《毛泽东选集》第3卷，人民出版社1991年版，第802—803页。

历史主义研究方法转向了以解释为主的结构主义研究方法,研究重点逐渐从革命时期转向社会主义建设时期和当代中国改革发展时期,研究领域也从传统的诸如革命、阶级、意识形态等政治领域转向多样化多视角的问题提炼。由此,也就形成了当前国外学者关于毛泽东研究的一些新特点。其中的一个重要特点,就是试图把传统的研究论题与新的政治概念结合起来,重新理解中国共产党历史上的一些问题。其实,迈斯纳关于中国共产党历史上斯大林主义影响的研究,体现出来的正是这一探索,即通过保守主义、社会激进主义这样的新概念寻求对于传统问题的新认识和新解释。只不过,正如前面所分析的,由于过于追求研究者自身的逻辑自洽性而对于中国历史和现实没有任何解释性,因此迈斯纳的这一研究转型并不成功。这也反映和折射出西方学者在理解和把握毛泽东新民主主义思想历史地位和走向时的认识局限。

主要参考书目

《马克思恩格斯选集》第1—4卷,人民出版社1995年版。

《列宁选集》第1—4卷,人民出版社1995年版。

《斯大林选集》下卷,人民出版社1979年版。

《毛泽东选集》,东北书店1948年版。

《毛泽东选集》第1—4卷,人民出版社1991年版。

《毛泽东文集》第3—5卷,人民出版社1996年版。

《毛泽东年谱(1893—1949)》中卷,人民出版社、中央文献出版社1993年版。

《毛泽东传(1949—1976)》上,中央文献出版社2003年版。

《刘少奇选集》上、下卷,人民出版社1981、1985年版。

《刘少奇年谱(1898—1969)》下卷,中央文献出版社1996年版。

《建国以来刘少奇文稿》第1册,中央文献出版社2005年版。

《邓小平文选》第2—3卷,人民出版社1994、1993年版。

《张闻天选集》,人民出版社1985年版。

《张闻天文集》第4卷,中共党史出版社1995年版。

中央档案馆编:《中共中央文件选集》第15、16册,中共中央党校出版社1991、1992年版。

中共中央文献研究室编:《建国以来重要文献选编》第1—5

册,中央文献出版社1992、1993年版。

《共产党情报局会议文件集》,人民出版社1954年版。

陕西省档案馆、陕西省社会科学院编:《陕甘宁边区政府文件选编》第11辑,档案出版社1991年版。

中央档案馆编:《解放战争时期土地改革文件选编》,中共中央党校出版社1981年版。

解放社编:《国际主义与民族主义》,东北新华书店1949年版。

列夫·托洛茨基:《"不断革命"论》,生活·读书·新知三联书店1966年版。

《杨尚昆回忆录》,中央文献出版社2001年版。

陈伯达:《斯大林和中国革命》,人民出版社1952年版。

《胡乔木回忆毛泽东》,人民出版社2003年版。

师哲口述、师秋朗笔录:《我的一生——师哲自述》,中央文献出版社1991年版。

李维汉:《回忆与研究》下,中共党史资料出版社1986年版。

张明远:《我的回忆》,中共党史出版社2004年版。

李黎:《新民主主义问答》,万国书店1949年版。

于光远:《从"新民主主义社会论"到"社会主义初级阶段论"》,人民出版社1996年版。

顾龙生编:《毛泽东经济年谱》,中共中央党校出版社1993年版。

张树军、高新民主编:《中共十一届三中全会历史档案》上,中国经济出版社1998年版。

薄一波:《若干重大决策与事件的回顾》上卷,人民出版社1997年版。

许涤新、吴承明:《新民主主义革命时期的中国资本主义》第3卷,人民出版社1993年版。

于光远著述、韩钢诠注:《"新民主主义社会论"的历史命运——读史笔记》,长江文艺出版社2005年版。

于光远:《于光远经济学文选》,经济科学出版社2001年版。

林毅夫、蔡昉、李周:《中国的奇迹:发展战略与经济改革》,上海人民出版社、上海三联出版社1999年版。

笑蜀编:《历史的先声——半个世纪前的庄严承诺》,汕头大学出版社1999年版。

王友明:《解放区土地改革研究:1941—1948——以山东莒南县为个案》,上海社会科学院出版社2006年版。

郑永年:《再塑意识形态》,东方出版社2016年版。

后　记

　　新民主主义思想是以毛泽东为代表的中国共产党在革命时期把马克思主义与中国革命、中国社会发展实际相结合的理论产物，是毛泽东思想的重要组成部分，蕴含着丰富的马克思主义中国化的历史发展经验。新民主主义思想是中国共产党在推动马克思主义中国化发展过程中的一个理论高原，是一座理论富矿。在新的条件下，推进对新民主主义思想的研究对于不断增强新时代中国共产党创新21世纪马克思主义的理论自信有重要价值。

　　多年来，我一直断断续续地进行着一些有关新民主主义思想的研究，陆续在《中共党史研究》《陕西师范大学学报》《延安大学学报》《中国延安干部学院学报》《甘肃理论学刊》《党的文献》《马克思主义与当代中国论丛》等期刊发表了10余篇相关学术论文。本书就是在这些论文成果的基础上完成的。另外，在这些年我的其他一些研究中，比如在《中国特色社会主义的思想起源——近代以来中国社会主义思想的演进研究》《"欧洲共产党情报局"与中国共产党的关系研究》这两本著作中，也包含了上述关于新民主主义思想的思考和研究。本书在吸收这些成果的过程中，对一些论述、观点和文献资料进行了修改，并进行了文字方面的修改和完善。

　　我一直想以"新民主主义思想"为题，把这些年的相关研究做个总结。这本书,就是多年来这个学术夙愿的总结。面对已有的大量研究成果,我并没有全面地就新民主主义思想的方方面面展开研究,而是努力避免人们已经普遍认识和接受的观点和看法,就新民主主义思想源起和发展过程中的重大问题,特别是在目前研究中涉及比较少的问题进行了集中的分析和研究,分别涉及了马克思主义革命阶段理论与新民主主义思想的源起,新民主主义外资经济理论,在新民主主义思想指导下中国共产党在抗战结束后对"和平土改"的尝试,新民主主义思想中的文献情况,从新民主主义到社会主义的过渡,以及新民主主义社会理论的历史地位等问题。希望本书以这些多少带有"片断性"的研究来开阔视角,从而推动毛泽东新民主主义思想研究的深入。

值此书出版之际,对陕西师范大学出版总社表示衷心感谢。

2019 年 1 月
于陕西师范大学长安校区